靠優質金融股
養你一輩子

丁彥鈞◎著

Contents 目錄

Contents 目錄

可託付終身的好標的

在低薪環境下，投資收入成了累積財富的另一個管道。如何找到可以託付終身的好標的？就顯得非常重要。

在 2000 年以前，台灣銀行的 1 年期定期儲蓄存款（簡稱「定存」）利率有 5% 以上，投資人只要每月將結餘存入銀行，就能享受幾乎無風險的固定報酬。然而隨著經濟成長率放緩，台灣的定存利率持續降低。

2020 年之後，受到新冠肺炎疫情影響，台灣銀行的定存利率下降到 1% 左右，若遇到物價上漲，將導致貨幣的實質購買力下降，等於說投資人將錢放在銀行定存，很容易會愈存愈薄。

我想，應該沒有人會希望自己的存款愈存愈少吧？所以我們必須找到除了定

期存款以外,其他更棒的投資標的。

　　細數目前市場上的金融商品,有一種商品雖然風險比定存高,但同樣可以帶來穩定收益,且其報酬率也優於定存,那就是所謂的「定存股」。若投資人能挑選出優質的公司,定期定額將資金投入買進績優股,經過時間的複利效果,將帶來可觀的報酬。

　　一般來說,適合當作定存股的標的,需要具有幾個特性,包括獲利穩定、獲利成長、殖利率穩定且殖利率高等,而金融股剛好具備上述這些特質,因而受到廣大定存族的喜愛。且由於金融機構受到政府嚴格監督,所以其所發行的股票,品質與其他產業相比,可說是相對優良。

　　不過,就算是金融股,同樣也有好壞之分,過去就有金融股下市的案例,若投資人不幸買到地雷股,可是會血本無歸,欲哭無淚。因此,在買進金融股之前,一定要慎選優質公司。

　　很多人會用殖利率、本益比、股東權益報酬率(ROE)等財務指標作為篩選金融股的標準,這樣的做法並沒有不對,只是有一些缺點。用公開資訊挑選股票,常出現當資訊公開時,股價已經漲了一段的情形,此時買進當然也有機會獲利,但賺得比較少。比較建議的挑選方法,是從財報中去分析一家公司經營

的本質，了解每家金融機構的特色，再從總體經濟環境著手，找出股價被低估的金融股，持續逢低買進。當金融機構持續獲利且獲利成長，投資人不但可以每年領到股利，還可以享受股價上漲的資本利得，賺取超額報酬。

金融股因經營性質不同，可區分成「金控、銀行、證券、壽險、產險」等類別，不同類別所側重的觀察地方也會不一樣。因此，本書會介紹各類別金融股的財務報表，藉以了解金融機構經營的本質，再從中找出各家金融機構的核心競爭力，搭配歷史沿革與管理階層的品德，就能找出適合長期投資的定存股。

在知識經濟的年代，企業家分配到的盈餘愈來愈多，受薪階層的酬勞卻愈來愈少，使得社會的貧富差距日益擴大。希望大家閱讀完這本書後，都可以在薪資收入以外，用投資收入幫自己累積財富，提升生活品質，達到財富自由的境界，讓優質金融股養你一輩子。

丁彥鈞

第1章

金控產業

1-1 根據經營性質的不同 金融股可分為4種類別

　　金融股具有股價波動低、殖利率高的特性，在低利率時代，很多小資族把金融股當作存股標的。雖然長期投資金融股，賺錢的機率非常高，但若不幸買到地雷股，公司被掏空，也是有血本無歸的可能。

　　因此，這本書先從法規面切入，介紹金融機構的各項業務，再從財務報表分析金融機構經營的本質，找出核心競爭力。最後再將經營階層的道德操守納入考量，自然能趨吉避凶，找到可以長期存股的優質標的。

　　目前台灣上市櫃股票共有 1,700 多檔，其中金融股有 50 檔（詳見表1，各檔個股詳細介紹詳見第 5 章說明）。不過，雖然這 50 檔股票都被歸類為金融股，但就其經營性質，可再細分為金融控股公司（簡稱金控）、銀行業（包含銀行、票券、租賃）、證券業（包含證券、期貨、投信投顧）、保險業（包含壽險、產險）等不同類別。

表1 台灣上市櫃金融股目前有50檔
——台灣上市櫃的金融機構分類表

金融控股公司（股號）	銀行業（股號）			證券業（股號）		保險業（股號）	
	銀行	票券	租賃	證券	期貨	壽險	產險
華南金（2880）	彰 銀（2801）	華 票（2820）	中租-KY（5871）	統一證（2855）	元大期（6023）	三商壽（2867）	旺旺保（2816）
富邦金（2881）	京城銀（2809）	—	和潤企業（6592）	致和證（5864）	群益期（6024）	遠 壽（5859）	台 產（2832）
國泰金（2882）	台中銀（2812）	—	裕 融（9941）	群益證（6005）	—	台 名（5878）	新 產（2850）
開發金（2883）	臺企銀（2834）	—	—	宏遠證（6015）	—	公勝保經（6028）	中再保（2851）
玉山金（2884）	高雄銀（2836）	—	—	康和證（6016）	—	—	第一保（2852）
元大金（2885）	聯邦銀（2838）	—	—	大展證（6020）	—	—	—
兆豐金（2886）	遠東銀（2845）	—	—	美好證（6021）	—	—	—
台新金（2887）	安泰銀（2849）	—	—	福邦證（6026）	—	—	—
新光金（2888）	王道銀行（2897）	—	—	德 信（6027）	—	—	—
國票金（2889）	瑞興銀（5863）	—	—	—	—	—	—
永豐金（2890）	上海商銀（5876）	—	—	—	—	—	—
中信金（2891）	—	—	—	—	—	—	—
第一金（2892）	—	—	—	—	—	—	—
日盛金（5820）	—	—	—	—	—	—	—
合庫金（5880）	—	—	—	—	—	—	—

註：資料日期為 2021.12.31　資料來源：公開資訊觀測站

　　由於各類金融股的經營方式不同、財務報表也長得不一樣，使得投資人需要關注的重點也不同。因此，投資人在投資前，必須先將金融股進行分類。

金控》對外營運的個體為金控轉投資的子公司

　　先來看金控的相關介紹。依據《金融控股公司法》第 1 條和第 4 條規定可知，金控是同時擁有銀行業、證券業或保險業中任 2 項以上業務的金融跨業經營公司（註 1）。一般來說，金控本身並不經營實體業務，只負責資金的分配與調度，實際對外營運的個體為金控轉投資的子公司（包含銀行業、證券業、保險業等，詳見圖 1）。

　　而金控的子公司，其營運項目依種類不同而各有差異。例如以「銀行業」來說，最主要的業務就是「授信」，也就是把錢借出去；以「證券業」來說，最主要的業務就是「投資」；以「保險業」來說，就是提供客戶

註 1：《金融控股公司法》第 1 條規定：「為發揮金融機構綜合經營效益，強化金融跨業經營之合併監理，促進金融市場健全發展，並維護公共利益，特制定本法。」同法第 4 條規定：「金融控股公司：指對一銀行、保險公司或證券商有控制性持股，並依本法設立之公司。」

圖1 金控涵蓋銀行、證券、保險等業務
——金控架構示意圖

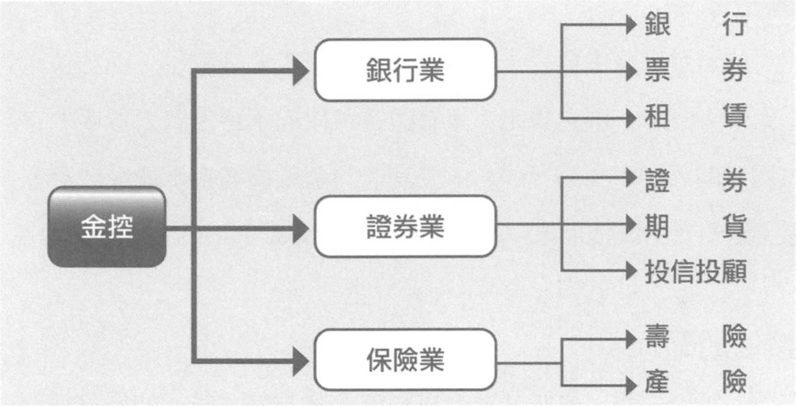

銀行業 → 銀　　行
　　　　→ 票　　券
　　　　→ 租　　賃

金控 → 證券業 → 證　　券
　　　　　　　→ 期　　貨
　　　　　　　→ 投信投顧

保險業 → 壽　　險
　　　　→ 產　　險

註：目前投信投顧未有上市（櫃）的公司

一個「保障」。以下先幫大家做一些簡單的介紹，之後各章會有更詳細的說明。

銀行業》分為銀行、票券和租賃

　　金控底下第1類型是銀行業，而銀行業又可以區分為「銀行」、「票券」和「租賃」3種金融機構，雖然這三者都是從事「授信」業務，但它們

的資金來源、授信期間和主管機關都各有不同（詳見表２）。分述如下：

1.資金來源

銀行的資金來源主要是「對不特定的大眾吸收存款」，而根據《銀行法》第 29 條第 1 項之規定，只有銀行可以向不特定的大眾吸收存款，提供固定的報酬率（註 2）。由於其他的金融機構都不能吸收存款，所以票券跟租賃的資金來源為股東出資，抑或是跟其他的金融同業借款。

2.授信期間

在授信期間方面，依據《銀行法》第 5 條規定，銀行的授信期間，可以是短期（１年以下）、中期（１年以上、７年以下）或長期（７年以上，註 3）。票券在授信期間方面，主要是使用融資型的商業本票，期限在１年以下，所以票券的授信期間是短期的。

註 2：《銀行法》第 29 條第 1 項規定：「除法律另有規定者外，非銀行不得經營收受存款、受託經理信託資金、公眾財產或辦理國內外匯兌業務。」

註 3：《銀行法》第 5 條規定：「銀行依本法辦理授信，其期限在１年以內者，為短期信用；超過１年而在７年以內者，為中期信用；超過７年者，為長期信用。」

表2 只有銀行可向不特定的大眾吸收存款
———銀行、票券、租賃差異比較

項目	銀行	票券	租賃
主要資金來源	不特定的大眾存款	金融同業資金與股東出資	金融同業資金與股東出資
授信期間	有長有短	短	短
主管機關	金管會	金管會	經濟部

　　租賃的業務雖然一樣是「授信」，但客戶風險較高，所以會和客戶收取擔保品，並定期檢視客戶的財務狀況，不會提供太長的授信期間；另一方面，由於租賃的隱含利率較高，一般企業一定先向銀行進行資金融通，有急需或不得已才會找租賃公司幫忙。

　　當企業有剩餘資金，一定會優先償還利率高的租賃公司，利率低的銀行借款則可以慢慢還，故租賃契約的授信期間多為短期。

3.主管機關

　　以前金融機構的主管機關為財政部，但台灣有一些官股銀行，例如臺灣金控就是由財政部百分之百持有，如果由財政部擔任金融機構的主管機關，將發生自己管自己的不合理現象。故從 2004 年開始，金融機構

的主管機關改由「金融監督管理委員會（簡稱金管會）」擔任。

銀行與票券的主管機關為「金管會銀行局」，但租賃的主管機關卻不是金管會，而是「經濟部」。租賃公司因為少了金管會在法規上的限制與檢查局的檢查，在營運上可以更靈活、更有彈性，故中租-KY（5871）、和潤企業（6592）和裕融（9941）等租賃公司的股價，遠遠高於其他銀行股的股價。

證券業》分為證券、期貨、投信投顧

金控底下第 2 類型是證券業，而證券業依種類不同可以區分為證券、期貨、投信投顧等，其主管機關為「金管會證期局」。如果公司的營運標的為股票，就屬於證券商的業務；如果營運標的是期貨，就屬於期貨商的業務；如果一般的社會大眾，沒有專業知識投資股票，就可以委託投信操盤，向投信購買基金。

換句話說，投信的業務就是發行基金，幫社會大眾投資股票，並收取一定的報酬；投顧的業務為給予投資建議，也就是電視上的老師，告訴大家哪一檔股票可以買，哪一檔股票不能買。

證券業除了依種類區分以外,也可依經營業務不同而區分為自營商、承銷商、經紀商,其營業項目和有價證券有關。其中,證券自營商是為了自己的目的買賣股票,損益歸於自己;證券承銷商主要是輔導企業上市;證券經紀商主要是代客下單買賣股票,賺取手續費收入。

保險業》分為壽險與產險

金控底下第 3 類型是保險,分成壽險與產險,其主管機關為「金管會保險局」。根據《保險法》第 13 條之規定:「保險分成財產保險與人身保險。財產保險,包括火災保險、海上保險、陸空保險、責任保險、保證保險及經主管機關核准之其他保險。人身保險,包括人壽保險、健康保險、傷害保險及年金保險。」

也就是說,財產保險(即產險)主要是以「財產」為被保險的標的,人身保險(即壽險)則主要是以「人」為被保險的標的。

此外,保險合約依據合約期間長短,分為「短期保險(保險期間未逾1年期)」與「長期保險(保險期間超過1年期)」。其中,產險以財產為保險標的,通常1年1約,到期再決定是否續保,為「短期保險」;

而壽險是以人的壽命為保險標的，期間在 1 年以上，通常為「長期保險」。

　　銷售保單的管道，除了保險公司自行銷售外，也可以透過仲介機構來推廣。保險經紀人（即保經）與保險代理人（即保代）都是保險輔助人的一種，不論是壽險或是產險，都可以透過保險輔助人銷售保單。

1-2 了解金控主力業務 判斷未來獲利趨勢

1-1 提到，金控是同時擁有銀行業、證券業或保險業中任 2 項以上業務的金融跨業經營公司。

對於大部分金控來說，它們的資金來源和主力業務是什麼呢？以下我就來幫大家揭密。

台灣目前共有15檔上市櫃金控股

就現況來看，台灣目前上市櫃的金控共有 15 家，分別是華南金（2880）、富邦金（2881）、國泰金（2882）、開發金（2883）、玉山金（2884）、元大金（2885）、兆豐金（2886）、台新金（2887）、新光金（2888）、國票金（2889）、永豐金（2890）、中信金（2891）、第一金（2892）、日盛金（5820）和合庫金

（5880）。

　　由於金控底下包含多種業務，規模很大，成立時需要很多資金，且因其為特許行業，執照不容易申請，故除了8大官股行庫（註1）外，台灣的金控主要集中在少數財團身上，其中又以「吳辜蔡花」在台灣的金融業極具話語權。

1.新光吳家

　　擁有新光金、台新金和瑞興銀行（股票名稱：瑞興銀（5863））、新光證券、新光產險（股票名稱：新產（2850））。

　　新光集團創辦人吳火獅育有吳東進、吳東賢、吳東亮、吳東昇4子，

註1：8大官股行庫是指中央政府擁有的8家金融機構，分別為臺灣金控、土地銀行、合庫金、兆豐金、華南金、第一金、彰銀（2801）和臺企銀（2834），其中臺灣金控與土地銀行並未上市（櫃），是由財政部100%持有，其餘6家有4家為金控，2家為銀行，市場上稱為「官股四金二銀」。8大官股行庫有時會配合政府政策，採取一致的行為，也是一股穩定金融秩序的力量。要注意的是，雖然高雄銀（2836）也是官股比重很高，但股東為高雄市政府，為地方政府，不是中央政府，故不屬於8大官股行庫的一分子。

其中吳東進曾任新光金董事長，在新光金極具影響力；吳東賢亦在新光金多家子公司擔任要職，並擁有新光產險的主導權；吳東亮為台新金董事長；吳東昇曾任瑞興銀行的董事長，並擁有新光證券的經營權。

2.鹿港辜家

擁有中信金、開發金和中租-KY（5871）。台灣5大知名望族之一的鹿港辜家，由辜仲諒掌管中信金；辜仲瑩取得開發金的經營權；辜仲立則為中租迪和的總裁。

3.霖園蔡家

擁有國泰金和富邦金，是民營金控中最大的2家。霖園集團是由蔡萬春、蔡萬霖、蔡萬才三兄弟共同創立，分家後，蔡萬霖之子蔡宏圖與蔡鎮宇掌管國泰集團，蔡萬才之子蔡明忠與蔡明興掌管富邦集團，雙方分庭抗禮，平分秋色。

4.美商花旗銀行

由於美商花旗銀行沒有金控奧援，加上台灣的主管機關比較保護消費者，法規條文對金融機構不利，因此2022年，花旗出售在台消費金融業務，由新加坡星展銀行得標，「吳辜蔡花」的用語也將走入歷史。

多數金控的主力業務為銀行

　　雖然金控大多由少數財團所把持，可它們側重的主力業務，卻各有不同。觀察 15 家金控子公司的財報可以知道，富邦金、國泰金和新光金的獲利來源以「壽險」為主；開發金、元大金、日盛金的獲利來源以「證券」為主；其餘金控的主要獲利來源皆為「銀行」（詳見表 1）。

　　但投資人要注意的是，以獲利來源區分金控的主力業務，容易受到極端值的影響，例如華南永昌證券自營部在 2020 年新冠肺炎疫情爆發時，由於風險控管不當，又於低點停損，導致當年度大幅虧損，這也讓華南金 2020 年獲利來源占比變成銀行 134%、證券 –39%、產險 5%。

　　然而，若以過去幾年的數值來看，證券業務對於華南金來說，應該是有 5% 到 10% 左右的貢獻。也就是說，新冠肺炎疫情讓華南金證券業務的獲利由正變負，是單一事件，若投資人只看此數據就直接做判斷，容易失準。

　　既然以獲利來源來區分主力業務容易受到極端值影響，那我們還可以怎麼做呢？很簡單，我們可改以金控投資各子公司的資金比重分類，也

就是依照子公司的淨值分類（詳見表 2）。

　若將各金控子公司的淨值改用百分比換算，將如表 3 所示。從表中可以知道，富邦金、國泰金、開發金（註 2）和新光金屬於「壽險」為主的金控；元大金、日盛金屬於以「證券」為主的金控；華南金、玉山金、兆豐金、台新金、永豐金、中信金、第一金、合庫金屬於以「銀行」為主的金控；比較特別的是國票金，屬於銀行下面，以「票券」為主的金控。不過，即使是以壽險為主或以證券為主的金控，銀行的占比也有 2 成以上，可見銀行在整個金融體系扮演重要的角色。

　為什麼我們要找出各金控的主力業務呢？這是因為金控的合併財報，是將銀行、證券、壽險、產險等業務全部混在一起陳述，非常雜亂，且沒有條理。若投資人以這份合併財報進行分析，只能看出金控的獲利能力，卻看不出它的經營能力和經營模式。

　由於不同經營模式需要觀察的指標是不一樣的，所以在進行投資決策

註 2：開發金在購併中國人壽後，壽險的資金占比已超過 5 成，變成以壽險為主體的金控。

表1 富邦金、國泰金與新光金獲利來源以壽險為主

名稱（股號）	銀行				證券
	銀行	票券	資產管理	租賃	
華南金（2880）	145.9	−	−0.6	−	25.2
富邦金（2881）	225.2	−	1.8	−	70.6
國泰金（2882）	233.5	−	0.2	−	22.0
開發金（2883）	40.2	−	0.7	−	126.5
玉山金（2884）	175.6	−	−	−	16.9
元大金（2885）	80.2	−	1.4	−	232.9
兆豐金（2886）	187.7	32.8	2.6	−	27.5
台新金（2887）	136.7	−	1.2	−	17.6
新光金（2888）	65.7	−	−	−	39.2
國票金（2889）	−2.2	29.5	−	−	10.1
永豐金（2890）	114.3	−	−	2.5	48.1
中信金（2891）	297.8	−	2.5	−	13.7
第一金（2892）	176.5	−	1.4	−	15.0
日盛金（5820）	6.2	−	−	−	35.4
合庫金（5880）	185.0	5.1	3.4	−	7.4

註：1. 統計時間為 2021 年；2. 獲利單位為億元，採四捨五入計算；3.「－」表示沒有資料；4. 部分獲利數據太小未列入表中，像是日盛金產險之

—— 15家金控主要獲利來源

證券				保險		其他
投信	投顧	期貨	創投	壽險	產險	
–	–	–	0.3	–	9.0	–
3.5	–	–	42.4	**1,028.3**	64.1	1.4
14.0	–	–	3.3	**1,122.8**	21.8	–
–	–	–	96.7	112.5	–	–
–	–	–	14.1	–	–	–
14.3	0.01	5.7	9.4	21.8	–	–
0.8	–	–	2.7	–	5.0	–
2.2	–0.04	–	8.0	–4.0	–	–
0.6	–	–	0.6	**125.0**	0.7	–
–	–	–	4.8	–	–	–
1.6	–	–	–0.3	–	–	–
3.7	–	–	13.6	234.0	–	7.3
1.1	–	–	1.0	6.0	–	0.1
–	–	–	–	–	–	–
0.4	–	–	0.7	7.0	–	–

獲利為 1 萬 1,000 元、永豐金其他獲利為 145 萬 3,000 元、華南金投信獲利為 –701 萬元等　　　資料來源：公開資訊觀測站

表2 中信金、富邦金與兆豐金投入銀行資金皆逾3000億元

名稱（股號）	銀行				證券
	銀行	票券	資產管理	租賃	
華南金（2880）	2,104.8	－	7.3	－	111.1
富邦金（2881）	**3,078.4**	－	23.4	－	385.7
國泰金（2882）	2,450.0	－	0.7	－	130.5
開發金（2883）	673.7	－	14.3	－	582.0
玉山金（2884）	1,879.5	－	－	－	69.9
元大金（2885）	1,230.8	－	38.1	－	1,290.7
兆豐金（2886）	**3,038.2**	409.8	28.5	－	192.9
台新金（2887）	2,031.6	－	12.1	－	102.7
新光金（2888）	695.2	－	－	－	288.6
國票金（2889）	45.5	309.4	－	－	73.5
永豐金（2890）	1,404.6	－	－	44.2	327.2
中信金（2891）	**3,152.6**	－	26.8	－	103.0
第一金（2892）	2,235.4	－	17.8	－	81.0
日盛金（5820）	233.2	－	－	－	339.1
合庫金（5880）	2,490.6	72.8	34.7	－	63.0

註：1. 統計時間為2021年；2. 單位為億元，採四捨五入計算；3.「－」表示沒有資料　　資料來源：公開資訊觀測站

──15家金控子公司淨值分類

證券				保險		其他
投信	投顧	期貨	創投	壽險	產險	
3.8	–	–	17.1	–	68.3	12.4
38.1	–	–	95.9	5,803.3	406.6	4.7
51.4	–	–	45.7	6,990.2	144.6	–
–	–	–	349.5	1,964.9	–	–
–	–	–	50.6	–	–	–
62.7	1.4	87.4	37.6	264.3	–	–
8.6	–	–	11.0	–	78.0	–
11.3	3.0	–	56.5	150.8	–	–
16.4	–	–	15.2	1,782.2	1.0	–
–	–	–	19.7	–	–	–
16.8	–	–	27.5	–	–	0.5
10.6	–	–	53.1	1,593.2	–	14.2
10.5	–	–	18.7	48.0	–	0.4
–	–	–	–	–	0.1	–
4.2	–	–	12.1	66.9	–	–

表3 元大金、日盛金屬於以證券為主的金控
——15家金控子公司淨值占比

主力業務	名稱 （股號）	銀行 （%）	證券 （%）	壽險 （%）	產險 （%）	其他 （%）
壽險	富邦金（2881）	32	5	**59**	4	0
	國泰金（2882）	25	2	**71**	1	0
	開發金（2883）	19	26	**55**	0	0
	新光金（2888）	25	11	**64**	0	0
證券	元大金（2885）	42	**49**	9	0	0
	日盛金（5820）	41	**59**	0	0	0
銀行	華南金（2880）	**91**	6	0	3	1
	玉山金（2884）	**94**	6	0	0	0
	兆豐金（2886）	**92**	6	0	2	0
	台新金（2887）	**86**	7	6	0	0
	永豐金（2890）	**80**	20	0	0	0
	中信金（2891）	**64**	3	32	0	0
	第一金（2892）	**93**	5	2	0	0
	合庫金（5880）	**95**	3	2	0	0
票券	國票金（2889）	**79**	21	0	0	0

註：1.資料日期為2021.12.31；2.紅字代表公司主力業務；3.數值採四捨五入計算，尾數會有差異
資料來源：公開資訊觀測站

時，應該分別研究金控各子公司的財務狀況，藉以判斷未來的獲利趨勢，以便做出適當的買賣決策。

　　而從前文看來，多數金控的主力業務是銀行，其次是壽險和證券，故本書會花比較多的篇幅介紹銀行的業務，其次是壽險與證券，產險僅稍微簡單帶過。

第2章

銀行產業

2-1 正確解讀財務報表 洞悉銀行營運狀況

　　前面第 1 章說明了金控的相關概念，接著，我們來看有關銀行的介紹。什麼是銀行？銀行是吸收公眾存款、從事放款、辦理結算等業務的金融機構。簡單來說，銀行就是一邊幫民眾把多餘的錢收納起來，另一邊則是把錢借給有需要的人，順便再從中抽取一些手續費及賺取利差。

　　由於銀行掌握了社會上大多數人的錢財，若有任何閃失，很容易造成社會動盪，所以需要接受政府監管。但也因為有政府在背後幫忙把關，所以相對於其他行業來說，銀行屬於「不容易倒閉」的產業，而這恰恰是長期投資者需要重視的特質之一。

　　要了解銀行業經營的本質，可以從財報下手。弄懂銀行業的會計項目，自然就了解銀行的業務經營模式。截至 2021 年年底，台灣共有 39 家銀行（詳見表 1）。其中，因為富邦金（2881）各金融機構事業群完整，

表1 台灣目前共有39家銀行
——台灣現有銀行完整名稱和簡稱對照

銀行完整名稱	銀行簡稱	銀行完整名稱	銀行簡稱
中國信託商業銀行	中信銀	遠東國際商業銀行	遠東銀
國泰世華商業銀行	國泰銀	日盛國際商業銀行	日盛銀
上海商業儲蓄銀行	上海商銀	花旗（台灣）銀行	花旗銀
第一商業銀行	第一銀	凱基商業銀行	凱基銀
兆豐國際商業銀行	兆豐銀	滙豐（台灣）商業銀行	滙豐銀
台北富邦銀行	北富銀	京城商業銀行	京城銀
玉山商業銀行	玉山銀	渣打國際商業銀行	渣打銀
合作金庫商業銀行	合庫銀	陽信商業銀行	陽信銀
臺灣銀行	臺 銀	星展（台灣）商業銀行	星展銀
華南商業銀行	華南銀	安泰商業銀行	安泰銀
彰化商業銀行	彰 銀	板信商業銀行	板信銀
永豐商業銀行	永豐銀	高雄銀行	高雄銀
王道商業銀行	王道銀	三信商業銀行	三信銀
台新國際商業銀行	台新銀	華泰商業銀行	華泰銀
臺灣中小企業銀行	臺企銀	樂天國際商業銀行	樂天銀
臺灣土地銀行	土 銀	連線商業銀行	連線銀
元大商業銀行	元大銀	瑞興商業銀行	瑞興銀
聯邦商業銀行	聯邦銀	中國輸出入銀行	輸出入銀行
臺灣新光商業銀行	新光銀	全國農業金庫	農業金庫
台中商業銀行	台中銀	—	—

註：銀行簡稱為作者自行整理　　資料來源：中央銀行

因此本書的財務報表，盡量以富邦金的各個子公司（像是台北富邦銀行等）為例進行分析。以下，我們先來看銀行業的資產負債表。

資產負債表》放款為銀行的「資產」項目

資產負債表又稱財務狀況表，可以反映公司在特定時間點的資本架構。依據《銀行法》第 71 條之規定，商業銀行主要的業務為吸收存款，以及從事放款，而無論是存款或放款，都會反映在銀行的資產負債表上。

對銀行而言，社會大眾把錢存在銀行，代表銀行每年要支付利息給社會大眾，且當存款者上門提領時，銀行負有交付現金的義務，故存款為銀行的「負債」項目；相反地，放款對於銀行而言，每年可以收取利息，到期時可以收回本金，故放款為銀行的「資產」項目。

從表 2 可知，台北富邦銀行 2021 年負債主要為社會大眾的存款及匯

註 1：資產負債表中的負債和股東權益顯示的是「資金來源」，而資產則是用來表示「資金用途」，所以我們在看銀行如何運用資金時，是要看資產，而不是負債。

表2 台北富邦銀行負債主要為社會大眾的存款及匯款
——台北富邦銀行合併資產負債表

項目	金額 (億元)	占比 (%)	項目	金額 (億元)	占比 (%)
現金及約當現金	1,069.51	3	央行及銀行同業存款	1,667.67	4
存放央行及拆借銀行同業	3,359.35	9	**存款及匯款**	**28,938.15**	**78**
投資	12,550.51	34	附買回票券及債券負債	1,152.78	3
貼現及放款——淨額	18,413.28	49	應付金融債券	1,138.00	3
			其他金融負債	801.63	2
其他金融資產	1,367.98	4	其他負債	1,131.66	3
其他資產	522.26	1	負債總計	34,829.88	93
資產總計	**37,282.89**	**100**	權益總計	2,453.01	7
			負債及權益總計	37,282.89	100

註：1. 資料日期為 2021.12.31；2. 數值採百萬元以下四捨五入，計算百分比時尾數會略有誤差
資料來源：公開資訊觀測站

款，占資產的比重為 78%；央行及銀行同業存款 4%；附買回票券及債券負債 3%；應付金融債券 3%；其他金融負債 2%；其他負債 3%，負債比率共 93%。股東自己的出資（即權益）只占 7%。

銀行向社會大眾吸收存款後，資金要怎麼運用呢？這時就要看資產負債表的資產部分（註 1）。從表 2 可以看出，台北富邦銀行的資產中，有 49% 是貼現及放款，也就是把錢借出去給客戶，另外 34% 是投資。

也就是說，銀行拿到社會大眾的存款之後，可以選擇再把錢借出去，或是拿來自己投資。然而無論是選擇何種做法，都具有一定的風險。

　　對於一般的公司而言，資產不會突然全部不見；但是對於銀行而言，資產卻有可能一夕之間全部消失。舉個例子來說，董事長把銀行的 100 億元借給自己，結果董事長捲款潛逃，銀行資產負債表上的放款就不見了。或是投資長看走眼了，買到地雷股，也會讓銀行資產中的「投資」金額大幅下降。由於銀行的資產具有突然消失的風險，因此投資人在選股時，首重資產的品質。而衡量資產品質的其中一項指標，就是「逾期放款比率」，其簡化版公式為：

逾期放款比率＝
超過 3 個月未正常繳納本息的貸款 ÷ 放款總額 ×100%

　　逾期放款比率愈高，代表資產的品質愈差，之後放款收不回來的機率愈高。一旦放款收不回來，銀行就要認列減損損失，導致獲利被侵蝕，影響股利發放。

　　由於銀行的資產主要為金融資產，非常容易被掏空，可能一夕之間化為烏有。因此投資人進行投資決策時，一定要先了解經營者的品德。有

誠信的經營者所管理的銀行，被掏空的機率較低。若其眼光精準，資產的品質就會優於同業，導致獲利成長，股價上升。

綜合損益表》銀行淨收益組成主要可分為2項

看完了銀行的資產負債表，接著來看銀行的綜合損益表。綜合損益表是記錄公司在某個時段內發生的收入、支出、收益、損失，以及由此產生的淨收益，故而從綜合損益表可以看出公司的獲利能力。

依據《證券交易法》第 36 條的規定，企業在每月 10 日以前，要公布上個月的營收。對於一般的企業，營收為綜合損益表最上方的營業收入金額；對於銀行而言，公布的營收不是綜合損益表最上面的金額，而是淨收益的金額。銀行淨收益的組成主要可分為 2 項：

1.利息淨收益

就銀行來說，其主要業務是吸收存款後再貸放出去，而資產負債表的「放款」會產生「利息收入」，資產負債表的「存款」則會產生「利息費用」。將利息收入減掉利息費用，就可算出「利息淨收益」。從表 3 可以看出，台北富邦銀行 2021 年的利息淨收益為 378 億 6,900 萬元。

2.利息以外淨收益

利息以外淨收益，顧名思義是指除了利息之外的淨收益，例如：

①**手續費淨收益：**銀行的信用卡業務、財富管理業務、匯款服務、聯貸案主辦費等，都可以創造穩定的手續費淨收益。手續費淨收益和銀行的服務品質有關，服務愈好的銀行，手續費淨收益的比重就愈高。

②**投資收益：**銀行除了放款和收取手續費以外，也可以將收到的款項拿來投資股票或債券。在正常的情況下，銀行投資會產生正收益，如果投資產生的是負收益，就必須扣掉。

③**其他收益：**像是兌換損益、金融資產重分類損益等。

從前述看下來可以知道，銀行公布的「營收」（即淨收益），已經減掉利息費用和投資損失，所以銀行公布的「營收」，其實具有「獲利」的意涵。若是銀行當月投資有損失的話，營收就會是負值。

例如投資部位占比高的京城銀（2809），如果當月投資是虧損，而且賠很多錢的話，當月的營收就會出現負值。像是在 2018 年 10 月發

表3 台北富邦銀行利息淨收益為378億元
—— 台北富邦銀行合併綜合損益表

	項目	金額（億元）	百分比（%）
	利息收入	577.08	112
－	利息費用	198.39	38
＝	**利息淨收益**	**378.69**	**74**
＋	**手續費淨收益**	99.39	19
＋	**投資收益**	33.15	6
＋	其他收益	4.01	1
＝	**淨收益**	515.24	100
－	呆帳費用及保證責任準備提存	36.22	7
－	營業費用合計	256.41	50
＝	**稅前淨利**	222.60	43
－	所得稅費用	27.06	5
＝	**稅後淨利**	195.54	38
＋	本期其他綜合損益	22.91	4
＝	**本期綜合損益總額**	218.45	42

註：1. 統計時間為 2021.01.01 ～ 2021.12.31；2. 紅字代表營收來源；3. 數值採百萬元以下四捨五入，計算百分比時尾數會略有誤差　資料來源：公開資訊觀測站

生股災時，京城銀當月的營收就是負值，為 −3 億 5,300 萬元。

　　將銀行的淨收益減掉提列的呆帳費用，扣掉提列的保證金準備，還有

員工的薪資等，減掉所有的營業費用，就會變成「稅前淨利」；稅前淨利減掉所得稅費用以後，變成「稅後淨利」；再調整「本期其他綜合損益」，就會得到「本期綜合損益總額」。

呆帳費用為銀行放款給客戶，但客戶無力償還所發生的損失。之所以會收不回本金，到底是銀行太「呆」？還是客戶太「壞」？如果認為是銀行太「呆」，我們就把會計項目叫做「呆帳費用」；如果認為是客戶太「壞」，我們就把會計項目叫做「壞帳費用」。

呆帳費用的金額和放款的品質有關，如果資產品質良好，逾期放款比率低，則呆帳的金額就會比較少，銀行會有比較高的獲利。

2-2 關注4項衡量指標 評估銀行經營能力

　　看完銀行的財務報表,知道銀行的經營方式及獲利來源後,接著,我們可以繼續來看銀行業的「經營能力」。一家經營能力強的銀行,由於具有核心競爭力,未來獲利成長的機會比較高,市場也願意給予比較高的評價,股價容易上漲(註1)。

　　銀行業「經營能力」的衡量指標主要有4項:1. 存放款利差、2. 手續費占營收比率(簡稱手續費占比)、3. 逾期放款比率(簡稱逾放比率)、4. 分行家數和 ATM 數量。分述如下:

存放款利差》利差大,獲利機率較高

　　銀行最主要的收入來源為「利息淨收益」(即利息收入減利息費用),由於利息淨收益是一個絕對數字,所以規模較大的銀行,利息淨收益的

金額一定比規模小的銀行多。因此，我們要用「存放款利差」的概念，消除規模的因素，來衡量銀行的經營能力。存放款利差的公式如下：

$$存放款利差 = \frac{利息收入}{生息資產} - \frac{利息費用}{支息負債} = 平均放款利率 - 平均存款利率$$

　　若銀行有比較高的存放款利差，代表具有核心競爭力，獲利的機率就比較高。

　　一般來説，民營銀行以消費金融為主，存放款利差較大，而官股銀行以企業金融為主，存放款利差較小，像是彰化銀行、華南銀行、合作金庫銀行、臺灣中小企業銀行、高雄銀行等官股銀行的存放款利差，常常位於後段班。

　　此外，由於存放款利差也會受到海外資產影響，故而海外資產較多的

註1：衡量銀行業的獲利能力，主要使用 ROE 指標，也就是股東權益報酬率。

註2：官股行庫以企業金融為主，利差較低，故位於後段班，例如臺灣中小企業銀行、兆豐銀行、合作金庫銀行、華南銀行、彰化銀行。

表1 京城銀存放款利差居同業之冠
──台灣各銀行存放款利差排名

名次	銀行簡稱	存放款利差 （百分點）	名次	銀行簡稱	存放款利差 （百分點）
1	京城銀	1.8875	13	遠東銀	1.3700
2	中信銀	1.7775	14	高雄銀	1.3300
3	凱基銀	1.7200	15	玉山銀	1.3150
4	國泰銀	1.7150	16	臺企銀	1.2900
5	台中銀	1.7133	17	富邦銀	1.2700
6	新光銀	1.6500	18	兆豐銀	1.2650
7	王道銀	1.5300	19	合庫銀	1.2510
8	聯邦銀	1.4700	20	華南銀	1.2500
9	台新銀	1.4525	21	彰 銀	1.1850
10	第一銀	1.4100	22	安泰銀	1.1500
11	元大銀	1.3875	23	上海商銀	0.9300
12	永豐銀	1.3750	—	—	—

註：1. 僅列出 2022 年 5 月前有開法說會的銀行資料，其中聯邦銀的數字是 2021 年前 3 季，上海商銀為 2020 年的數字；
2. 存放款利差採四捨五入計算至小數點後第 4 位，名次則按無限小數排列；3. 國票因為沒有實體銀行，無法吸收便宜
資金。未來網路銀行營運後，存放款利差有機會提升
資料來源：各家金融機構法說會資訊

銀行，像是中國信託銀行、國泰世華銀行與第一銀行等，其存放款利差
也較高。根據各銀行法説會公布的資料來看，存放款利差排名前 4 名的
銀行分別是京城銀行、中國信託銀行、凱基銀行、國泰世華銀行（註 2，
詳見表 1）。

1.京城銀行

　　一般銀行多將吸收的存款貸放出去，賺取存放款利差，但京城銀（2809）卻選擇將大額資金拿去購買債券（包含本國及國外債券），以賺取更高的收益。

　　京城銀行所購買的債券，98%以上都是投資等級債券，藉由分散投資美洲、亞洲、歐洲、中東，以及公用事業、原物料、金融機構、能源等不同產業的方式，來降低投資風險。且為了增加風險承擔的能力，京城銀行維持遠高於同業的資本適足率，財務結構相當穩健。

　　而京城銀行將資金拿去購買海外債券，雖然要承受信用風險與匯率風險，但海外債的收益率超過5%，因此，京城銀行2021年的存放款利差為1.8875個百分點，居同業之冠。

2.中國信託銀行

　　中國信託銀行為中信金（2891）旗下之銀行，於2003年以新台幣195億7,000萬元，買下統一集團旗下的萬通商業銀行，順利取得統一超商（即7-ELEVEN）這個通路。統一超商的代收代付業務，每天都會帶來大額現金流入，這些金流統一超商每日都會存入中國信託銀行，但

中國信託銀行僅需每月支付現金 2 次到 3 次給政府或最終收款者。

　由於統一超商每日存入中國信託銀行的款項，是存在活期存款，利率非常低，因此拉低了中國信託銀行整體的資金成本。

　另一方面，由於海外的利差較大，讓中國信託銀行致力於開拓海外版圖。中國信託銀行於 2014 年 6 月完成日本東京之星銀行（The Tokyo Star Bank）股權交割，成為東京之星銀行單一股東；接下來，在 2017 年 7 月完成泰國 LH Financial Group Public Company Limited（簡稱「LHFG 金融集團」）35.6% 股權交割，創下台資銀行首宗參股泰國金融機構的紀錄。

　在不斷擴張之下，中國信託銀行於美國、加拿大、印尼、菲律賓、印度、越南、馬來西亞、香港、新加坡、中國、緬甸及澳洲，合計設有 219 處海外分支機構（詳見表 2）。

　總括來說，中國信託銀行負債面的資金成本較低，資產面海外的放款利率較高，為其帶來穩定的淨利息收益，使得它 2021 年的存放款利差為 1.7775 個百分點，排名第 2。

3.凱基銀行

　　凱基銀行為開發金（2883）旗下之銀行。在股票市場進行交易時，除了要開證券戶以外，還要到銀行開立交割戶，進行款項收付。交割戶的利率很低，年利率只有 0.03%，和目前的定存利率 0.8% 相比，其實是接近零的水準。

　　一般民眾的習慣，當賣出持股時，2 天後款項進到交割戶，投資人不會立刻把錢轉去其他帳戶，而是選擇觀望，尋找下一次進場的機會。如此一來，銀行就可以用非常低的成本吸收資金，再用較高的利率放款出去，賺取利差。

　　就證券業來說，凱基證券的市占率排行第 2，由於其集團本身就有自己的銀行，故而在凱基證券下單的投資人，原則上交割戶的銀行就是選擇凱基銀行，凱基銀行也因此可以取得便宜的資金，壓低營運成本，賺取較高的獲利。由於凱基銀行取得資金的成本較低，使其 2021 年的存放款利差達 1.72 個百分點，排名第 3。

4.國泰世華銀行

　　國泰世華銀行為國泰金（2882）旗下之銀行。台灣在王建煊擔任財

表2 中信銀合計設有219處海外分支機構
——台灣各銀行海外據點家數排名

名次	銀行簡稱	海外據點（處）	名次	銀行簡稱	海外據點（處）
1	中信銀	219	13	王道銀	11
2	國泰銀	68	14	台新銀	10
3	上海商銀	60	15	臺企銀	9
4	第一銀	40	16	土　銀	8
5	兆豐銀	37	17	元大銀	5
6	北富銀	33	18	聯邦銀	4
7	玉山銀	28	19	新光銀	3
8	合庫銀	25	19	台中銀	3
9	臺　銀	21	19	遠東銀	3
10	華南銀	16	22	輸出入銀行	1
11	彰　銀	14	22	日盛銀	1
12	永豐銀	12	—	—	—

註：1.統計時間為2021年12月；2.海外據點包含分行、代表人辦事處及其他分支機構；3.本表僅列出有海外據點之銀行，且不列入外商銀行。　資料來源：金管會銀行局

政部部長之前，銀行屬於寡占產業，姿態高高在上。

　　當時新成立的世華銀行（國泰世華銀行前身）決定放下身段，進駐證券商設立代收付處，讓想投資股票的民眾，可以直接開立銀行戶與證券戶，而不用另外再多跑銀行一趟。

　　在僅有 14 家券商的年代中，就有 12 家券商與世華銀行配合，世華銀行也因此獲得「號子銀行」的稱號。後來股市飆漲，全民瘋股市，為了讓股款順利交割，民眾紛紛把錢存進證券交割銀行帳戶，世華銀行也因此取得利率接近零的便宜資金。

　　之後國泰銀行購併世華銀行，變成國泰世華銀行，仍然享有低資金成本的優勢，再加上它的海外資產較多，使其存放款利差較大，在 2021 有 1.715 個百分點，排名第 4。

手續費占比》消費金融的重要指標

　　手續費占比為消費金融的指標，通常服務較佳，以及信用卡市占率較高的銀行，會有比較高的手續費占比。根據銀行局 2021 年的資料可以看出，手續費占比排名前段班的銀行，包括星展銀行、滙豐銀行、渣打銀行、花旗銀行，外商銀行的比率很高。另外，中國信託銀行、玉山銀行、台新銀行、國泰世華銀行等，信用卡市占率名列前茅，其手續費占比也普遍偏高（詳見表 3）。

　　由於手續費為穩定的收入來源，不容易受到景氣波動的影響，即使在

表3 星展銀、中信銀、滙豐銀手續費占營收比重達41%
——台灣各銀行手續費占比排名

名次	銀行簡稱	手續費占比（%）	名次	銀行簡稱	手續費占比（%）
1	星展銀	41	20	新光銀	18
2	中信銀	41	21	第一銀	17
3	滙豐銀	41	22	凱基銀	17
4	渣打銀	40	23	彰　銀	16
5	花旗銀	38	24	兆豐銀	15
6	玉山銀	35	25	上海商銀	15
7	台新銀	32	26	高雄銀	15
8	國泰銀	30	27	王道銀	15
9	安泰銀	29	28	華泰銀	14
10	日盛銀	25	29	陽信銀	14
11	北富銀	25	30	臺企銀	14
12	元大銀	24	31	合庫銀	14
13	遠東銀	24	32	臺　銀	11
14	永豐銀	24	33	瑞興銀	10
15	板信銀	23	34	三信銀	8
16	聯邦銀	22	35	土　銀	8
17	華南銀	20	36	農業金庫	6
18	京城銀	20	37	輸出入銀行	4
19	台中銀	20	－	－	－

註：1. 統計時間為 2021 年 12 月；2. 數值採四捨五入計算至小數點後第 2 位，名次則按無限小數排列；3. 連線銀和樂天銀手續費淨
　　收益為負值，故不列入表中　　資料來源：中央銀行

低利率的環境下，也不會衰退。故而銀行的手續費占比愈高，其核心競爭力就愈強。

逾放比率》比率愈低，代表資產品質愈好

銀行借給客戶的放款，稱為「授信資產」，若授信資產超過清償期 1 個月以上尚未返還，則變成「不良授信資產」。如果積欠本金或利息超過清償期 3 個月，則轉為「逾期放款」；超過清償期 6 個月，再轉列「催收款」；超過清償期 2 年，則轉為「呆帳」。

逾放比率是用來計算銀行借出去的放款中，有多少的比率是可能收不回來的。完整計算公式如下：

$$逾放比率 = \frac{逾期放款 + 催收款}{放款 + 貼現 + 催收款 + 進出口押匯} \times 100\%$$

逾放比率的分母為所有授信項目，包括放款、貼現、催收款、進出口押匯，分子為可能收不回來的放款，包括逾期放款與催收款。

由於銀行的授信資產可能一夕之間化為烏有，逾放比率太高，代表銀

行資產品質不佳，之後可能會有呆帳損失吃掉獲利，導致淨值下降。因此，逾放比率愈低，代表資產品質愈好、授信過程愈嚴謹、核心競爭力愈強。

　　若拿民營銀行和官股銀行相比，由於官股銀行有時要配合政府政策，故資產品質會稍微差一些，像是合作金庫銀行，臺灣中小企業銀行、彰化銀行、全國農業金庫、高雄銀行等，其逾放比率就偏高（詳見表4）。

　　經過不景氣淘汰不爭氣，表現不佳的銀行漸漸退出市場，目前市場上的銀行，逾放比率皆低於1%，資產品質良好，暫時沒有減損的疑慮。

分行家數和ATM數量》可提升經營效率

　　銀行的主要業務為吸收存款貸放出去，賺取利差。過去傳統的觀念認為，分行就是銀行的通路，分行家數多，民眾才有機會走進去，成為銀行的客戶，故而分行的家數可說是愈多愈好。

　　然而，在數位金融的時代下，分行不再是銀行唯一的通路，很多業務可以靠自動提款機（ATM）完成。

若將分行和 ATM 拿來做比較，有時 2 家銀行的分行距離太近，服務區域重疊太高，多一家分行，能爭取到的業務有限，但要多聘用很多員工，不符合成本效益。但 ATM 就不同了，ATM 是銀行分行的延伸，可幫忙擴大業務，但成本比分行低很多。

目前分行家數前 4 名的銀行，包括合作金庫（269 家分行）、第一銀行（187 家分行）、華南銀行（185 家分行）、彰化銀行（184 家分行），都是官股行庫（詳見表 5）。由於官股行庫部分分行屬於自有財產，不用支付租金，所以遲遲不進行縮編，這也是官股行庫經營效率較差的原因之一。

而以目前網路銀行盛行的情況來說，銀行若想要提升經營效率，只需要少許分行，再搭配 ATM，就能成功爭取業務。

例如中國信託銀行、國泰世華銀行、台新銀行等民營銀行，是 ATM 較多的銀行，所以分行家數不用太多，也能順利爭取業務，為經營效率較佳的銀行。

不過，投資人要注意的是，雖然銀行的分行家數不需要太多，但是也

表4 目前台灣各銀行逾放比率皆低於1%
——台灣各銀行逾放比率排名

名次	銀行簡稱	逾放比率（%）	名次	銀行簡稱	逾放比率（%）
1	京城銀	0.02	20	玉山銀	0.16
2	輸出入銀行	0.03	21	中信銀	0.16
3	滙豐銀	0.04	22	三信銀	0.17
4	華泰銀	0.06	23	農業金庫	0.19
5	渣打銀	0.07	24	日盛銀	0.19
6	國泰銀	0.09	25	第一銀	0.20
7	聯邦銀	0.10	26	板信銀	0.21
8	元大銀	0.10	27	合庫銀	0.22
9	臺　銀	0.11	28	兆豐銀	0.26
10	土　銀	0.12	29	遠東銀	0.26
11	台新銀	0.12	30	高雄銀	0.27
12	上海商銀	0.13	31	花旗銀	0.28
13	永豐銀	0.13	32	臺企銀	0.28
14	凱基銀	0.13	33	瑞興銀	0.28
15	華南銀	0.15	34	彰　銀	0.33
16	台中銀	0.15	35	王道銀	0.41
17	北富銀	0.16	36	星展銀	0.47
18	新光銀	0.16	37	安泰銀	0.57
19	陽信銀	0.16	—	—	—

註：1. 統計時間為2021年12月；2. 數值採四捨五入計算至小數點後第4位，名次則按無限小數排列；3. 連線銀和樂天銀未有資料，
　　故不列入表中　　資料來源：中央銀行

表5 合庫銀國內分行家數達269家
——台灣各銀行國內分行家數排名

名次	銀行簡稱	分行家數	名次	銀行簡稱	分行家數
1	合庫銀	269	19	台中銀	81
2	第一銀	187	20	上海商銀	71
3	華南銀	185	21	渣打銀	65
4	彰　銀	184	21	京城銀	65
5	國泰銀	164	21	板信銀	65
6	臺　銀	163	24	遠東銀	55
7	中信銀	151	25	凱基銀	51
8	土　銀	150	26	安泰銀	49
9	元大銀	148	27	花旗銀	44
10	玉山銀	138	28	日盛銀	43
11	北富銀	134	29	高雄銀	35
12	永豐銀	124	30	星展銀	34
12	臺企銀	124	31	華泰銀	33
14	兆豐銀	107	32	滙豐銀	30
15	陽信銀	104	33	三信銀	29
16	新光銀	103	34	瑞興銀	21
17	台新銀	100	35	王道銀	5
18	聯邦銀	89	36	輸出入銀行	4

註：1. 統計時間為 2021 年 12 月；2. 樂天銀和連線銀為純網銀，未有分行；3. 本表未計入全國農業金庫
資料來源：金管會銀行局

不能太少。像王道銀行之前為工業銀行，無法對不特定大眾吸收存款，所以不需要分行。後來轉型為商業銀行後，因為分行家數太少，很難吸收到便宜資金的存款，導致經營得很辛苦。故而對於銀行來說，分行家數也不宜太少，適中就好。

從以上的衡量指標可知，存放款利差較大、手續費占比較高、逾放比率較低、分行家數適中的銀行，核心競爭力較強，經營起來比較有效率，為較佳的存股標的。

而就各項統計資訊來看，民營銀行的表現大多優於官股銀行，像是玉山銀行、中國信託銀行、國泰世華銀行、台新銀行等表現都不錯。

2-3 利息＋手續費淨收益提升 銀行獲利穩定增長

　　介紹完該如何衡量銀行股的表現之後，接著，我們可以來看銀行業目前的經營狀況。

　　有持續在觀察台灣金融走向的人應該會很好奇一件事，為什麼銀行業的存放款利差（即銀行放款利率減掉存款利率）一直縮小，但是銀行業的整體獲利卻能持續上升？

　　其實原因很簡單，因為銀行的某些利多，彌補了存放款利差縮小的缺點。關於這一點，我們可以從幾項歷史數據來觀察。依據中央銀行公布的資料會發現，1997 年，國內銀行平均的存款利率為 5.36%，放款利率為 8.25%，利差還有 2.89 個百分點。

　　然而自從 2000 年網路泡沫發生後，台灣的存放款利率就長期處於下

圖1 台灣存放款利率一路下滑
——台灣存放款利率與利差變化

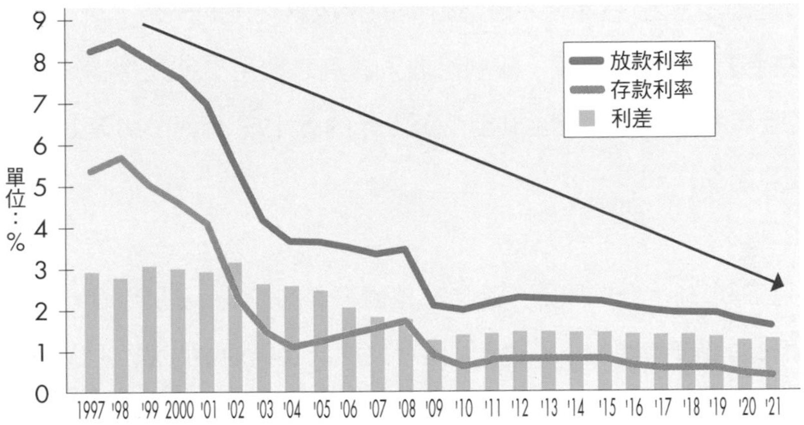
9
8
7
6
5
4
3
2
1
0
單位：%
放款利率
存款利率
利差
1997 '98 '99 2000 '01 '02 '03 '04 '05 '06 '07 '08 '09 '10 '11 '12 '13 '14 '15 '16 '17 '18 '19 '20 '21

註：2002 年（含）以前存款利率和放款利率是用近 4 季加總後除以 4 計算；2003 年第 4 季以前不含中小企業銀行資料；2004 年第 1 季起，本國銀行存放款利率不含軍公教退伍（休）人員優惠存款及國庫借款利率
資料來源：中央銀行

降的趨勢，連帶影響存放款利差縮小。到了 2006 年，國內銀行平均的存款利率為 1.40%，放款利率為 3.47%，存放款利差掉到 2.07 個百分點。2020 年新冠肺炎疫情發生後，國內銀行平均的存款利率為 0.45%，放款利率為 1.68%，存放款利差只剩下 1.23 個百分點。2021 年，存放款利差有稍微回升，至 1.24 個百分點，但還是不高（詳見圖 1，查詢方式詳見圖解教學）。

利息》經濟發展帶動淨收益逐步增加

有趣的是，20 幾年來，雖然台灣的存放款利差是一路下滑，但是整體銀行業的利息淨收益（即利息收入減利息費用）卻是緩步成長，從 2006 年的 3,669 億元上升至 2021 年的 5,198 億，約莫上漲 42%（詳見圖 2）。

利息淨收益上升的原因，來自於整體經濟的成長。2006 年，台灣全部銀行的資產總額為 28 兆元；隨著經濟成長與通貨膨脹，2021 年，台灣全部銀行的資產總額上升至 60 兆元，翻了超過 1 倍。

總的來看，雖然整體銀行的存放款利差縮小，但隨著銀行規模擴大、利息淨收益也不斷提升，使得銀行獲利不斷增長。且雖然利息淨收益上升的幅度不及資產上升的幅度，但還是維持上升的趨勢，可見投資銀行股，是對抗通貨膨脹的其中一種方法。

只要未來經濟持續發展，社會沒有回到以物易物的原始年代，不論是加油刷信用卡、網路購物銀行轉帳、身上現金不夠去銀行領錢、下單買賣股票……幾乎每天都會使用到銀行服務，銀行獲利就會長期穩定成長。

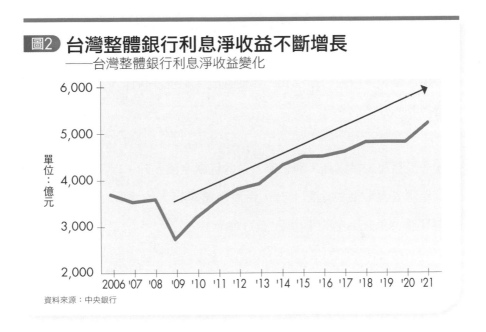

圖2 **台灣整體銀行利息淨收益不斷增長**
—— 台灣整體銀行利息淨收益變化

資料來源：中央銀行

手續費》淨收益跟隨服務品質上升

　　除了利息淨收益以外，銀行另一項獲利來源是手續費淨收益，不但金額持續增加，從 2006 年的 844 億元上升至 2021 年的 1,998 億元，占整體淨收益的比重，也從 2006 年的 19% 上升至 2021 年的 24%（詳見表 1）。可見台灣銀行業服務品質漸漸提升，彌補了存放款利差衰退的不利因素。

國外優質的一流銀行，手續費淨收益占整體淨收益的比重高達 40% 左右，台灣銀行業目前的平均值是 24%，還有進步的空間。如果未來台灣銀行的手續費淨收益持續成長，即使存放款利差沒有擴大，整體的獲利也會提升。

受惠於資產規模成長、利息淨收益的絕對金額上升，以及服務品質改善，手續費淨收益的金額上升，台灣整體銀行業的淨收益從 2006 年 4,491 億元上升至 2021 年 8,370 億元。

而除了前面幾項原因以外，「不景氣淘汰不爭氣」，也是銀行獲利提升的重要原因之一。

在 1990 年台灣開放新銀行成立後，經歷了 1997 年亞洲金融風暴、2000 年網路泡沫風暴、2005 年和 2006 年的雙卡風暴、2008 年金融海嘯等危機，經營不善的銀行陸續退出市場。隨著銀行業資產品質提升，逾期放款比率下降，呆帳損失下降，銀行業的稅前利益從 2006 年 –130 億元提升到 2021 年 3,387 億元。

另一方面，經過多次金融風暴之後，銀行開始慎選優質客戶，忍痛放

表1 台灣整體銀行手續費淨收益持續增加
——台灣整體銀行手續費淨收益與手續費占整體淨收益比重變化

年度	手續費淨收益（億元）	整體淨收益（億元）	手續費占比（%）
2006	844	4,491	19
2007	1,106	5,107	22
2008	929	4,540	20
2009	947	4,544	21
2010	1,247	5,296	24
2011	1,199	5,642	21
2012	1,216	6,067	20
2013	1,354	6,423	21
2014	1,513	7,308	21
2015	1,699	7,346	23
2016	1,765	7,460	24
2017	1,756	7,645	23
2018	1,780	8,079	22
2019	1,914	8,486	23
2020	1,893	8,007	24
2021	1,998	8,370	24

註：1. 數值採億元以下四捨五入，計算百分比時尾數會略有誤差；2. 手續費占比＝手續費淨收益 ÷ 淨收益 ×100%
資料來源：中央銀行

棄利率較高的高信用風險客戶，此舉雖然使得存放款利差下降，但呆帳金額同時減少，銀行的資產品質提升。

總結來說，雖然銀行業的存放款利差縮小，但是經濟活動發達，銀行

業的資產總額上升，使得利息淨收益金額維持成長趨勢。手續費淨收益隨著服務品質上升，也是逐年成長。加上呆帳損失金額減少，營收上升，費用減少，使得整體銀行業的獲利持續成長，股價也跟著上漲。這就是為什麼，銀行業的整體存放款利差持續縮小，但獲利卻穩定成長的原因。

圖解教學 **查詢存放款加權平均利率**

由於銀行的業務是以存款和放款為主,因此,存放款利率對於銀行的獲利會有
巨大的影響。一般來說,放款利率會高於存款利率,而兩者之間的差額,就是
所謂的「放款利差」。那要去哪裡才能查詢到存放款利率呢?其實只要上中央
銀行網站看就可以了,方式如下:

STEP 1　登入「中華民國中央銀行全球資訊網」網站首頁(www.cbc.gov.
tw/tw/mp-1.html)後,依序點選❶「統計與出版品」、❷「統
計」、❸「金融統計」、❹「存放款加權平均利率」。

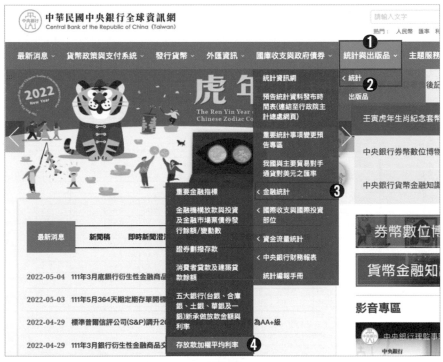

接續下頁

STEP 2

頁面跳轉後，點選檔案下載下方的❶Excel圖示，即可下載Excel檔。

首頁 › 統計與出版品 › 統計 › 金融統計 › 存放款加權平均利率

存放款加權平均利率(110年第4季)

小 中 大 ↩ 🖨 ⤴

⊙發布日期：2008-11

存放款加權平均利率

檔案下載

1. 存放款加權平均利率 ❶📊

STEP 3

打開Excel檔之後即可看到❶本國銀行每一季的存放款加權平均利率。以2021年（民國110年）第4季的資料來說，本國銀行的存款加權平均利率為0.36%、放款加權平均利率為1.6%。

存放款加權平均利率

年息百分比率

年	季	本國銀行*		外商銀行		信用合作社		農漁會信用部		信託投資公司	
		存款	放款	存款	放款	存款	放款	存款	放款	存款	放款
	4	0.55	1.90	0.34	0.82	0.63	2.19	0.52	2.10	--	--
108	1	0.56	1.88	0.35	0.84	0.63	2.17	0.51	2.06	--	--
	2	0.56	1.88	0.35	0.88	0.63	2.18	0.51	2.06	--	--
	3	0.55	1.87	0.34	0.91	0.63	2.17	0.50	2.09	--	--
	4	0.55	1.87	0.36	0.92	0.63	2.16	0.50	2.08	--	--
109	1	0.54	1.85	0.36	0.94	0.62	2.14	0.48	2.03	--	--
	2	0.44	1.66	0.32	0.91	0.49	1.97	0.38	1.85	--	--
	3	0.42	1.61	0.28	0.92	0.48	1.89	0.37	1.80	--	--
	4	0.40	1.62	0.25	0.93	0.47	1.89	0.36	1.80	--	--
110	1	0.38	1.61	0.21	0.92	0.45	1.88	0.34	1.69		
	2	0.36	1.61	0.19	0.93	0.44	1.88	0.34	1.76		
	3	0.35	1.60	0.16	0.96	0.44	1.88	0.34	1.76		
	4	0.36	1.60	0.18	0.91	0.44	1.88	0.34	1.75		

* 92年第4季以前不含中小企業銀行資料。93年第1季資料起，本國銀行
存放款利率不含軍公教退伍(休)人員優惠存款及國庫借款利率；
110年第4季本國銀行存放款利率若包含上述兩項分別為0.37%及1.59%。

資料來源：中央銀行網站

2-4 優質服務＋金融創新 民營銀行成長顯著

經濟學家常以「市場規模前 4 大的龍頭公司占整體市場的比重」，來衡量市場結構。

如果產業中只有 1 家公司，屬於「獨占」結構，這家公司會擁有超額利潤；如果前 4 大龍頭公司的市占率合計大於 60%，屬於「高度寡占市場」，各企業可以聯合起來定價；如果前 4 大龍頭公司的市占率合計小於 20%，代表沒有任何一家公司有主導權。此種情況下，由於廠商家數過多，導致各公司只能賺取合理的利潤（詳見表 1）。

而台灣自從 1990 年由王建煊擔任財政部長，並開放許多新銀行成立後，銀行家數大幅增加。在競爭者眾多的情況下，容易出現降價競爭，導致整體銀行業稅後淨利下降，這也讓很多人認為，台灣的銀行業沒有競爭力。但奇怪的是，往後數年，台灣有些銀行從市場上消失，產業集

表1 若前4大龍頭公司市占率＞60%，屬高度寡占

——市占率與市場結構的關係

前4大龍頭公司市占率合計	市場結構
100%	完全獨占
大於60%	高度寡占
40%到60%	低度寡占
20%到40%	壟斷性競爭
小於20%	完全競爭

資料來源：Shepherd（1985）

中度卻沒有因此提升。

　　根據金管會銀行局統計資料，2002年台灣前4大銀行市占率（產業集中度）合計32%，屬於壟斷性競爭市場，當時國內銀行家數有52家。到了2021年，國內銀行家數下降為39家，照理來說，競爭的程度下降，但前4大銀行市占率下降為29%，產業集中度不增反減（詳見表2）。

　　有鑑於此，各個金融機構的負責人，紛紛跳出來要求政府改善金融業的經營環境，要求政府要想辦法提升銀行的競爭力。

表2 台灣銀行產業集中度呈現下滑趨勢
——台灣銀行資產與產業集中度數據變化

年度	2002年	2005年	2010年	2015年	2020年	2021年
前4名銀行資產合計（兆元）	7.09	7.93	10.86	13.53	16.50	17.53
全體本國銀行資產合計（兆元）	21.83	26.80	33.45	44.66	56.41	60.23
產業集中度（%）	32	30	32	30	29	29
本國銀行家數（家）	52	46	38	40	38	39

註：1. 產業集中度＝前 4 名銀行資產合計 ÷ 全體本國銀行資產合計 ×100%；2. 本國銀行家數包含全國農業金庫
資料來源：金管會銀行局

投資優質民營銀行，長期報酬將優於官股銀行

既然競爭條件惡化，為什麼整體銀行業的獲利可以持續提升呢？為什麼金融保險指數會持續上漲呢？這是因為表 2 在計算產業集中度時，僅考慮台灣資產前 4 大的銀行，若將台灣全部的銀行納入考量，將有不同的結論。

我們從表 3 中可知，2002 年資產規模前 8 名的銀行，全部都是官股行庫；第 10 名的台北銀行（現為台北富邦銀行）當時最大股東為台北

市政府,並非民間單位;唯一一家擠進前 10 名的民營銀行為中國信託銀行。但隨著時間的經過,到了 2021 年,官股銀行中的彰化銀行與臺灣中小企業銀行(簡稱臺企銀),資產規模都掉出 10 名外;反之,擁有金控支援的民營銀行,例如中國信託銀行、國泰世華銀行(由國泰銀行和世華銀行合併而成)、玉山銀行、台北富邦銀行(由台北銀行和富邦銀行合併而成)等,資產規模都擠進前 10 名。

就資產金額的成長率而言,官股銀行當中,就屬第一銀行成長最多,達 1.64 倍;成長最少的彰化銀行,資產規模只增加了 1.08 倍。民營銀行當中,玉山銀行資產規模增加了 10.18 倍、台新銀行資產規模增加了 3.48 倍、中國信託銀行增加了 3.73 倍、國泰世華銀行增加了 3.12 倍、台北富邦銀行增加了 2.38 倍,皆遠遠超過官股銀行。

受惠於經濟成長,銀行業的整體資產金額上升,而民營銀行的資產成長較快,瓜分了官股銀行的市場。也就是說,民營銀行同時享受「市場規模成長」與「市場占有率提升」的雙重效果,稅後淨利增加帶動股價上漲。

由此可知,金融機構表面上看起來經營環境不佳,但民營銀行藉由優

表3 民營銀行資產規模逐漸取代官股銀行
——官股銀行與民營銀行成長性比較

類型	銀行名稱	2002年		2021年		成長倍數（倍）
		資產總額（兆元）	排名	資產總額（兆元）	排名	
官股銀行	臺灣銀行	2.31	1	5.55	1	1.40
	合作金庫	1.88	2	4.18	2	1.22
	土地銀行	1.55	3	3.41	6	1.20
	第一銀行	1.36	4	3.59	5	1.64
	華南銀行	1.29	5	3.37	8	1.61
	彰化銀行	1.22	6	2.54	11	1.08
	中國國際商銀	0.97	7	3.78（2006年合併為「兆豐國際商業銀行」）	4	1.42
	交通銀行	0.59	12			
	臺企銀	0.94	8	2.02	14	1.15
民營銀行	中國信託銀行	0.85	9	4.02	3	3.73
	台北銀行	0.67	10	3.14（2005年合併為「台北富邦銀行」）	9	2.38
	富邦銀行	0.26	21			
	世華銀行	0.64	11	3.38（2003年合併為「國泰世華銀行」）	7	3.12
	國泰銀行	0.18	33			
	台新銀行	0.48	14	2.15	12	3.48
	玉山銀行	0.28	19	3.13	10	10.18

註：成長倍數＝ 2021 年的資產總額 ÷2002 年的資產總額－ 1　　資料來源：金管會銀行局

質的服務品質及金融創新，搶奪了官股銀行的客戶，因此獲利可以持續成長；官股銀行的規模雖然也有成長，但成長較少（臺灣銀行與土地銀行由財政部 100% 持有，並未上市，不納入指數的計算）。

　　這也是在台灣存放款利差縮小之際，整體金融保險指數得以大幅上漲的另外一個原因。也就是說，雖然大環境不佳，整體銀行業的獲利還是持續成長，民營銀行又搶走官股銀行的市場，使得民營銀行的獲利成長，資產規模上升。

　　如果從投資股市的角度出發，我們也可以知道，民營銀行的成長速度較官股銀行快，建議存股族盡量以優質的民營機構為存股標的，長期累積的報酬率會優於官股銀行。

2-5 消費金融3業務助攻 民營銀行業績起飛

　　銀行從業務來分類，可以分為「企業金融」與「消費金融」。依據定義，如果服務的對象為法人，則為「企業金融」；如果服務的對象為自然人，則為「消費金融」（詳見表1）。

官股銀行》以企業金融為主

　　官股銀行由於成立較久，已與大型企業建立長期穩定合作關係，業務以「企業金融」為主。例如經營事務機器、通訊商品及辦公家具銷售的震旦行（2373），在還未上市前，就和臺灣中小企業銀行（簡稱臺企銀）往來。透過和臺企銀借款，有了資金的援助，震旦行逐漸壯大。上市後，震旦行的信用風險下降，多家銀行爭相登門拜訪，提供更優惠的條件，但震旦行為了感謝當年的支持，還是選擇和臺企銀繼續配合；另一方面，官股銀行很多辦公大樓是自有的，不需要支付租金，具有成本上的優勢，

可以提供客戶較低的利率，因此搶下企業金融的客戶。

　　民營銀行多於 1990 年代以後成立，由於當時企業金融業務已被官股銀行把持，只能往消費金融發展。憑藉著優異的服務品質，「腰軟」、「嘴甜」、「臉笑」，民營銀行成功取得社會大眾的認同，在「消費金融」市場勝出。此消彼長下，銀行業慢慢演變成現今的狀態：官股銀行以「企業金融」為主、民營銀行以「消費金融」為主。

　　企業金融的優勢在於規模經濟，銀行只需僱用少數的行員，即可處理相對龐大的金額。例如一家企業一次向銀行借款 1 億元，雖然金額龐大，但銀行只需要僱用 1 位行員即可處理。而其缺點就是大型企業議價能力較強，常常貨比三家，因此銀行對企業放款能收取的放款利率也比較低。

　　相反的，消費金融的金額比較低，不具有規模經濟效果，銀行必須僱用多個行員，進行多筆交易，才有辦法達到企業金融的規模。例如銀行發行信用卡，額度 10 萬元，銀行必須發行 1,000 張信用卡，授信金額才可以達到 1 億元。

　　但消費金融對於銀行來說也是有好處的，由於社會大眾的資訊較少，

表1 消費金融放款對象為一般大眾

——企業金融vs.消費金融

項目	企業金融	消費金融
具有優勢的銀行	官股銀行	民營銀行
銀行放款對象	企業	一般大眾
企業／一般大眾議價能力	強	差
銀行放款利率	低	高
企業／一般大眾單筆借貸金額	大	小
資金規模效果	大	小
銀行所需員工數	少	多

且信用風險較高，因此銀行可以向一般大眾收取比企業還高的利息。

民營銀行》以消費金融為主

　　雖然說企業金融多由官股銀行承作，而消費金融則由民營銀行承作，但特別的是，有一項業務，卻違背這個準則，那就是「薪轉戶」的業務。一般來說，薪轉戶是銀行靠與企業的關係去爭取來的，而企業金融是官股銀行的強項，但奇特的是，目前薪轉戶數較多的，不是官股銀行，反而是前段班的民營銀行，原因在於官股銀行和民營銀行間制度的差異（詳

見表 2)。

對於官股銀行行員來說,由於公司制度類似公務員制度,績效獎懲制度不明顯,行員無論績效好壞,能領到的獎金差異不大。在此制度下,行員只求少犯錯,盡好自己的本分,對於不是自己的業務,不會太積極努力。

反觀民營銀行的行員,除了本業以外,還要推銷信用卡、拉保險、推薦基金。在此制度下,民營銀行的行員工作項目比較廣,而績效制度的設計,有助於銀行整體獲利的提升。

由於民營銀行的業務是一體的,彼此綁在一起。表面上看起來,民營銀行提供薪轉戶很多優惠,例如讓企業的員工特定次數內跨行轉帳提款免手續費,或是提供信用卡用戶較佳的優惠,例如高額的現金回饋比例等,是賠本的設計,但這些看似賠本的業務,若以銀行整體的角度來看,卻是小兵立大功,因為它們能讓民營銀行爭取到較多的企業薪轉戶,以及較多的信用卡用戶。

業務1》企業薪轉戶

表2 民營銀行的薪轉戶和信用卡用戶較多
──官股銀行vs.民營銀行

項目	官股銀行	民營銀行
強項	企業金融	消費金融
服務品質	低	高
績效獎懲制度	不明顯	獎懲分明
薪轉戶	少	多
信用卡用戶	少	多
自動提款機家數	少	多
銀行所需員工數	少	多

　　傳統的學術理論認為，定期存款比活期存款好，因為存款戶不會隨時領出，銀行就不需要準備太多的資金在金庫，可以將錢貸放出去，賺取利差。也就是這個原因，銀行願意提供定期存款較高的利率，誘使存款戶將活期存款轉換為定期存款。然而實務上，現在銀行偏好利率低的穩定資金，而薪轉戶的資金，就符合這個標準。

　　薪轉戶為企業每個月發薪水時，員工收款的帳戶。員工收到這些薪水，通常不會立刻領走，也不會馬上花完，用剩的會持續擺在薪轉戶。由於薪轉戶屬於活期存款，利率很低，這表示銀行的資金成本很便宜，若銀

行將這筆錢拿去放款或投資，就能從中賺取較高的利差。這類穩定的存款，學術上稱為「核心存款」，為銀行較佳的資金來源。

業務2》信用卡

至於信用卡業務，雖然是銀行的賠本生意，卻也是銀行其他業務的敲門磚。銀行可以藉由信用卡先取得客戶的資料，再進行跨售等交叉行銷策略，例如可以向信用卡的客戶推銷保險與基金等，擴展業務；而對於銀行理專來說，也可致電信用卡客戶，推銷基金、保險等商品，賺取手續費收入。

從前文來看可以知道，雖然企業金融具有規模經濟效果，但是消費金融可以為銀行帶來更多的附加效果。而目前獲利較佳的前段班銀行，多是經營消費金融的民營銀行，具有以下特色：

①分行家數適中偏多。
②有效信用卡數多。
③手續費占淨收益比重高。
④薪轉戶多，資金成本低。
⑤自動提款機家數多。

其中的手續費收入，包括信用卡業務、財富管理業務、匯款業務、外匯業務等，不易受到景氣循環的影響。即使國家的經濟衰退、景氣下滑，手續費收入也不會減少太多，為銀行穩定的獲利來源。

對銀行來說，發行信用卡為創造手續費收入的一種方法。想要吸引民眾申辦信用卡，就必須要有誘因，所以各家銀行紛紛推出各種高回饋的信用卡，像是之前中國信託銀行剛推出 Line Pay 信用卡時，當時現金回饋率高達 3%（註1）。

一般來說，如果消費者持有上面有國際信用卡組織「Visa」字樣的中國信託 Line Pay 信用卡，去百貨公司消費，而百貨公司的刷卡機為國泰世華銀行所提供架設。那麼這筆消費金額，百貨公司只能收到 97%，其餘的 3% 由信用卡發卡銀行「中國信託」、國際信用卡組織「Visa」、收單銀行「國泰世華銀行」來分。大致上，發卡銀行約分到 1.5%，國際信用卡組織約分到 0.3%，收單銀行約分到 1.2%。

有些人會困惑，「對於中國信託來說，消費者每刷一次信用卡，它只

註1：現金回饋率會隨銀行政策進行調整，請以官網資訊為準。

能收取 1.5% 的手續費收入，卻要提供 3% 的現金回饋，這樣真的能賺到錢嗎？」在回答之前，我們可以先思考 4 個有關信用卡的問題，當想通以後，自然能得到答案。

問題①》為何信用卡利率僵固，且持續維持高檔？

問題②》為何信用卡盛行「免年費、給贈品、免手續費、高現金回饋」？

問題③》為何信用卡違約金如此高？

問題④》為何信用卡每月最低應繳金額愈來愈低？

在回答這 4 個問題之前，先來看一篇報導資訊。1991 年，美國認知教育心理學家奧蘇貝爾（David Pawl Ausubel）在經濟類最好的期刊《美國經濟評論》（America Economic Review），將信用卡使用者分成 3 類：

類型①》便利使用者

便利使用者持卡的目的，是為了賺取發卡銀行提供的優惠。雖然銀行無法從便利使用者身上賺到錢，但便利使用者在消費的過程中，拿出印有發卡銀行商標的信用卡，也是在幫發卡銀行打廣告，提高發卡銀行的知名度。銀行允許便利使用者存在，主要是便利使用者可以帶來心理學上的幻覺宣傳效果。

類型②》資金融通者

資金融通者有資金壓力，常將信用卡作為融資的工具。對銀行來說，雖然銀行可以向資金融通者收取很高的利息收入，但由於他們的財務狀況差、違約率高，對銀行而言風險很高，故而資金融通者不是銀行的目標客群。

此外，資金融通者對利率的敏感度很高，只要哪一家銀行提供較低的循環利率，他們就會流向那一家銀行。因此，目前大多的銀行，幾乎都將信用卡的循環利率定在法定上限（註2），目的就是把不受歡迎的資金融通者擋在門外。

類型③》粗心大意者

粗心大意者原本是為了賺取發卡銀行提供的優惠，但由於太過健忘，沒有按時繳納刷卡金，或是雖然辦理從銀行帳戶中自動扣繳，但銀行帳戶內資金不足，或是因一時衝動的消費，以致落入循環利息，一不小心就被銀行賺了很多錢。

註2：信用卡循環利率上限過去為《民法》的20%，2015年以後，利率上限調整為《銀行法》第47條之1規定的15%。

　　許多粗心大意者誤以為自己是便利使用者，從銀行那裡拿了很多好康，但實際上，粗心大意者常常在不知不覺間，就被銀行賺了很多錢，是銀行最喜歡的目標客群。

　　從前述內文可以知道，銀行透過信用卡賺錢的方式，主要是利用交叉補貼，用從粗心大意者賺取的獲利，來補貼提供便利使用者的優惠支出，變成「卡奴補貼卡神」的交叉補貼現象。因此，信用卡發卡公司雖然提供了很多優惠，看似入不敷出，但卻能從粗心大意者手中賺到錢。

　　此外，銀行也可以藉由發行信用卡來收集客戶名單，然後銷售基金、信貸和保單（即「跨售」）。如此一來，就算銀行信用卡業務賠錢，還是可以從別的地方賺回來，這也是為什麼銀行會發行高額現金回饋信用卡的原因。

　　看到這裡，相信大家都已經能夠回答前面 4 個有關信用卡的問題了！我再幫大家做個簡單整理：

問題①》為何信用卡利率僵固，且持續維持高檔？
答：要把信用風險高的「資金融通者」客戶擋在門外。

問題②》為何信用卡盛行「免年費、給贈品、免手續費、高現金回饋」？

答：為了吸引「粗心大意者」申辦信用卡。

問題③》為何信用卡違約金如此高？

答：為了從「粗心大意者」身上賺取獲利。

問題④》為何信用卡每月最低應繳金額愈來愈低？

答：為了從「粗心大意者」身上賺取高額的利息收入。

由於銀行發行信用卡有利銷售其他產品，且信用卡的循環利率遠高於其他放款，使得信用卡市場成為各銀行兵家必爭之地。

從銀行局 2021 年 12 月的資料可知，前 4 大信用卡有效卡數的銀行，分別為國泰世華銀行、中國信託銀行、玉山銀行、台新銀行，市占率依序為 16%、15%、13%、12%，集中度相當高，且全部為民營銀行（詳見表 3）。這些信用卡市占率高的銀行，可以交叉行銷各項業務，賺取獲利，經營表現優於其他銀行。

為什麼這些民營銀行可以脫穎而出，在信用卡市場占有一席之地？從

各家銀行的歷史背景與經營理念中可以看出端倪。

　　國泰世華銀行的靈魂人物汪國華，來自美國運通銀行，如何推廣信用卡，本來就是他的強項。中國信託銀行有前花旗銀行主管陳聖德及利明獻帶槍投靠，自然能將花旗成功的經驗複製過來。此外，玉山銀行的員工笑容甜美、台新銀行的員工服務親切，自然也可以爭取到較多的信用卡業務。

業務3》自動提款機（ATM）

　　除了發行信用卡來增加手續費收入和推廣其他業務以外，對於銀行來說，與金融卡有關的自動提款機，則同時具有降低成本與拓展業務的雙重功能。

　　ATM有如銀行的簡易櫃台，提供民眾提款、存款、轉帳，甚至購買基金等服務，為實體分行的延伸。1台ATM的機器成本約80萬元，加上每月1萬元的租金及維護成本，總成本遠比實體分行低，又可以取代實體分行的部分業務，在數位金融時代，是銀行拓展業務的工具之一。

　　ATM除了擺放在銀行以外，也可以擺在通路，像是便利商店、量販店、

表3 國泰銀行信用卡市占率16%，排名第1
——信用卡有效卡數與市占率排名前4的銀行

名次	銀行名稱	信用卡有效卡數 （張）	信用卡市占率 （%）
1	國泰世華銀行	5,431,713	16
2	中國信託銀行	4,934,654	15
3	玉山銀行	4,531,414	13
4	台新銀行	4,067,592	12

註：1. 統計時間為 2021 年 12 月；2. 台灣信用卡有效卡數總計為 3,379 萬 4,844 張，包含銀行發行的信用卡，以及信用卡公司發行的信用卡　　資料來源：金管會銀行局

百貨公司、捷運等。以便利商店來說，由於營業項目總類繁多，菸酒、飲料、便當、口罩，各種生活用品一應俱全。

　　此外，便利超商也提供「繳費」或「取貨」等服務，員工是十八般武藝樣樣精通，什麼都做，什麼都賣，什麼都不奇怪，漸漸成為國人每天必經之地。

　　由於「人流」可以帶來「金流」，當消費者兩袖清風時，就會使用到 ATM，加上超商全年無休、24 小時營運，來客量遠大於其他所有零售通路，所以「便利商店」成為銀行擺放 ATM 的首選（註 3）。

　　而根據 2021 年 12 月底的數據來看，全台 ATM 裝設台數最多的前 6 名分別為：中國信託銀行、國泰世華銀行、台新銀行、玉山銀行、合作金庫、聯邦銀行（詳見表 4）。

　　1. 中國信託銀行：統一超商（即 7-ELEVEN）為台灣最大的連鎖便利商店，2021 年 12 月底門市家數達到 6,379 家，且設立於街口轉角處，或是行人穿越道前面，民眾等紅燈時，常常就走了進去，擁有很多商機。中國信託購併萬通銀行後，取得了統一超商的通路，全台 6,000 多家的門市，全部都是使用中國信託的 ATM。由於中國信託擁有全台最大的統一超商作為通路，因此 ATM 的數目排名第 1。

　　2. 國泰世華銀行：國泰世華銀行除了擁有全家與萊爾富的通路外，在全聯與台北捷運也設有 ATM，目前排行第 2。

　　3. 台新銀行：台新銀行擁有多數全家的通路，排行第 3。

註 3：台北富邦銀行因為搶不進超商的 ATM 市場，曾經將念頭打到速食店上，選擇將 ATM 擺在麥當勞裡，但成效不彰。因為大家會天天去超商，但不會天天去麥當勞，將 ATM 擺在麥當勞裡面，民眾的使用率很低，所以後來台北富邦銀行就把麥當勞裡的 ATM 撤掉了。

表4 中國信託銀行ATM共有6787台，排名第1
——ATM台數排名前6的銀行

名次	銀行名稱	ATM台數（台）
1	中國信託銀行	6,787
2	國泰世華銀行	5,035
3	台新銀行	3,906
4	玉山銀行	1,247
5	合作金庫	1,185
6	聯邦銀行	867

註：統計時間為 2021 年 12 月　　資料來源：金管會銀行局

4. **玉山銀行**：玉山銀行的 ATM 搶進全台最大量販店家樂福，排行第 4。

5. **合作金庫**：合作金庫分行家數眾多，達 269 家，全台排名第 1，每家分行擁有 2 台～ 3 台 ATM，因此 ATM 數量排行第 5。但由於合庫 ATM 據點多位於分行內，無法達到廣設通路的效果。

6. **聯邦銀行**：聯邦銀行雖然規模不大，也沒有金控的支援，但在「萊爾富」與「OK 超商」，都可以看到聯邦銀行的 ATM。此外，聯邦銀行也搶到機場捷運、台中捷運、高雄捷運的 ATM 經營權，市占率排名第 6。

從前文可知，信用卡市占率排名前段班的銀行，ATM的數目也比較多，這2項都是消費金融的指標。由於跨行提款需要支付手續費，民眾通常會選擇去提款方便的銀行開戶。分行家數或自動提款機眾多的銀行，就有機會爭取民眾開戶，之後再推銷信用卡、基金、保險，進行跨售服務，創造業績。

目前便利商店多被中國信託銀行、國泰世華銀行、台新銀行占據，其他銀行很難切入，ATM進入三分天下的境界。這些民營銀行，在數位金融的趨勢下，可以快速推廣業務，未來的獲利較有成長性。

2-6 觀察各國現況 掌握全球銀行業發展脈絡

　　1990 年以前，銀行業屬寡占產業，擁有超額利潤。據傳當時向銀行借錢，還要巴結分行經理，和現在銀行電話行銷拜託客戶借錢的情況有天壤之別。當時省屬三商銀（指彰化銀行、第一銀行和華南銀行）股價破千元，即使 1990 年崩盤，這 3 家銀行的均價也有 300 元以上，由此可見當時銀行有多好賺。

台灣》同業競爭激烈使銀行讓利給客戶

　　在國際化與自由化的浪潮下，台灣於 1989 年大修《銀行法》，取消第 41 條放款利率上下限及存款利率上限的管制，開放利率自由化。1991 年，在王建煊擔任財政部部長時，更一口氣開放 16 家新銀行成立。有競爭才有進步，銀行的服務品質因此大幅提升，但過度競爭也導致銀行讓利給客戶，獲利衰退使得省屬三商銀現在的股價只剩 20 元、

30 元左右。

1997 年亞洲金融風暴，台灣逃過一劫，但 1998 年就爆發本土金融風暴；2000 年中國崛起，台灣產業開始外移，面臨經濟不景氣，只好持續降息；2008 年遇到金融海嘯，台灣再度採取降息因應；之後 2020 年新冠肺炎疫情爆發，為了刺激經濟，只好繼續降息。

當利率低的時候，代表當時景氣低迷，企業找不到好的投資機會，擴廠意願低。由於企業對資金的需求不高，銀行「爛頭寸（指銀行沒有辦法運用消化的閒置資金）」太多，必須給予客戶更好的條件，例如調降放款利率等，拜託客戶把錢借走。

在存款利率低，但放款利率更低的情況下，銀行的存放款利差較小；反之，當央行開始升息，代表景氣開始復甦，資金需求者多，銀行手中的現金較少，銀行就會提高放款的利率，導致銀行的存放款利差上升。

中國》受政府政策保護

反觀中國，受到政府政策保護，存放款的利差始終維持在 3 個百分點

左右。2011 年，中國的貸款利率（即放款利率）近 7% 左右，存款利率為 4%；2015 年，中國下調存貸款基準利率，貸款利率雖然下滑至 6%，但存款利率也跟著下滑；2020 年，貸款利率持續下降至 5%，存款利率也同幅度下降。中國銀行業的存放款利差，在 3 個百分點左右。

美國》2022年升息後，存放款利差有望擴大

至於金融大國美國，在 2008 年發生金融海嘯後，將基準利率降到接近零的水準；2015 年年底開始升息；到 2019 年升到 2.4%；2020 年疫情爆發，又降到接近零的水準；2022 年升息之前，美國的存款利率不到 0.5%，對信用最好的客戶，放款的基準利率為 3.25%，信用條件較差的客戶，放款利率則提升到 4% 或 5%。因此，美國銀行業的存放款利差大約在 3 個百分點左右。

美國 2022 年 3 月升息後，存放款利差有機會擴大，回到過去 4 個百分點甚至 5 個百分點，美元放款比重高的銀行，如上海商銀、兆豐銀和中信銀，獲利有機會提升。

至於越南、泰國、馬來西馬等東南亞國家，因為有許多企業需要擴廠，

對資金的需求強烈，使得資金的供給方（銀行）可以收取比較高的利息。
在此情況下，東南亞銀行業的存放款利差在 2 個百分點到 3 個百分點，
優於台灣的銀行業（註 1）。

　　由於國外的存放款利差都比台灣高，使得台灣銀行業紛紛西進或南向，
以優質的服務態度爭取業績，再賺取較高的利差。此外，無論是銀行業
或壽險業，都喜歡投資美國的債券，賺取較高的利息收入。然而受限於
台灣存放款利差過小，金融機構開始打起亞洲盃或國際盃，在此情況下，
海外資產較多的金融機構，例如兆豐金（2886）旗下的兆豐銀與中信金
（2891）旗下的中信銀，會有比較好的獲利。

日本》「產金合一」使銀行業獲利低於國際水準

　　至於亞洲經濟龍頭的日本，受到「產金合一」的影響，會計制度不發
達，存放款利差不到 1 個百分點（註 2），銀行業獲利低於國際水準。

　　產金合一是指產業和金融不分離，可相互支援。舉例來説，日本有許

註 1：2021 年第 4 季，台灣存放款利差為 1.24 個百分點。

多大財閥，擁有自己的銀行，當這些企業需要資金時，就會找自己集團旗下的銀行進行融通。由於產業與銀行隸屬同一個集團，都須聽從上層長官的指示，因此只要集團總裁一聲令下，銀行就必須貸款給這些企業。

由於產金合一的制度下，即使企業財報不透明也可以取得資金，這也使得日本沒有誘因發展一套健全的會計制度。

此外，每個大財閥旗下，都會有幾家不賺錢的公司。在自由經濟的環境下，這些公司理應倒閉，但在財閥旗下銀行不斷金援下，這些虧損公司可以持續營運。

明明經營不善，卻又拚命撐著，半死不活，被稱為「殭屍企業」。由於日本的銀行常貸款給這些殭屍企業，收取很低的利息，導致獲利不佳。

從國家經濟發展的角度來看，有的公司良率很高，有的公司良率很低。這些良率很低的公司，應該要倒閉，失業的員工轉職到良率高的公司上

註2：日本為負利率，存錢沒利息，但借錢還是要付利息，所以還是有存放款利差。

班，國家整體的產出才會上升。由於產金合一的制度，日本存在很多的殭屍企業，銀行資金持續投入虧損的公司，資源做了沒有效率的分配，導致國家經濟難以成長。

　　為了挽救低迷的經濟成長率，日本於 1999 年開始實施「零利率政策」，但人口結構老化、女性就業率低、基礎建設老舊、終身僱用制的問題依舊存在，零利率政策只能治標不能治本，日本經濟依舊零成長，被稱為「失落的 20 年」。

　　產金合一除了會導致國家經濟成長率下降，也有可能發生人謀不臧的情況。而且產金合一並非日本獨有的經濟問題，過去台灣也曾發生類似的情況，像是國泰蔡辰洲的「台北十信」，廣三曾正仁的「台中銀行」，前高雄市長王玉雲的「中興銀行」，力霸王又曾的「中華銀行」，太子許勝發的「萬泰銀行」等，都有違法超貸給自己的情況。

　　基於「興利」與「防弊」2 個理由，台灣金管會希望產金合一的企業

註 3：產金分離指金融事業董事長或總經理，不得擔任其他非金融事業的「董事長」、「總經理」或「職權相當之人」。

家可以做到「產金分離」（註3），被點名的包括永豐金（2890）、富邦金（2881）、遠東銀（2845）。所幸這3家金融機構目前的經營階層都算正派，暫時沒有被掏空的疑慮。

<table>
<tr><td>2-7</td><td># 除了以存放款為主的銀行
尚有其他4類金融機構</td></tr>
</table>

關於銀行業，除了前面介紹的以存放款為主體的銀行之外，尚有其他的金融機構，像是票券業、租賃業、信託業、資產管理公司等，幫大家整理如下：

類型1》票券業

票券是指發行期間在 1 年以內的付息證券，像是國庫券、商業承兌匯票、銀行承兌匯票、商業本票等，都屬於此類。而票券金融公司，就是為了經營票券金融業務而設立的公司。

目前台灣的票券金融公司有 8 家，其他都是銀行兼營票券業務，或是綜合證券公司兼營票券業務（詳見表 1）。在這 8 家票券金融公司當中，大中票券、台灣票券、萬通票券、大慶票券沒有上市櫃，而合作金庫票

表1 兆豐票券金融公司淨值達409億元，排名第1

——票券金融公司淨值排名

名次	名稱	淨值（億元）
1	兆豐票券金融公司	409.86
2	國際票券金融公司	309.36
3	中華票券金融公司	255.55
4	萬通票券金融公司	104.13
5	大中票券金融公司	82.74
6	大慶票券金融公司	73.41
7	合作金庫票券金融公司	72.81
8	台灣票券金融公司	69.91

註：1. 資料日期為 2021.12.31；2. 數值採四捨五入計算　　資料來源：金管會銀行局

券、兆豐票券和國際票券（簡稱國票）等，乃隸屬於各自的金控公司下面，剩下的1家中華票券（簡稱華票，股票代號：2820，詳見第5章），則是上市公司。

以下，我們就以規模較大的國票為例，透過觀察它的財務報表，看看票券業的經營模式。

①資產負債表

　　從國票 2021 年 12 月 31 日的資產負債表可以看出，投資金額占資產的 98%（詳見表 2）。投資的內容，部分為權益商品，例如股票，大部分的標的為債權標的，其中短期債務工具以商業本票為主，長期的債務工具為債券。

　　與銀行相比，銀行的放款是把錢借給客戶，票券公司則是購買企業發行的債務工具，等於把錢借給這些企業。資金來源部分，票券業無法吸收存款，只能向同業借款，或是發行短期票券（像是附買回票券）或長期債券吸收資金，所以成本較高。

　　由此可見，票券業和銀行的業務性質接近，都是授信，只是方式不太一樣而已。財務結構方面，國票的負債比率高達 88%。和銀行業一樣，使用高度財務槓桿，因此票券業也需要嚴格進行風險控管。

②綜合損益表

　　票券業的綜合損益表，結構與銀行業非常類似。利息收入扣掉利息費用，等於「利息淨收益」。利息淨收益加上手續費淨收益與其他收益，等於「淨收益」，也就是每月公告的營收金額。淨收益扣掉呆帳金額（各項提存）、薪資費用、其他費用，等於「稅前淨利」，再扣除所得稅費用，

表2 投資金額占國票資產的98%

——國票資產負債表

項目	金額 （億元）	占比 （％）	項目	金額 （億元）	占比 （％）
現金	8.48	0	同業借款	228.43	9
投資	**2,529.89**	**98**	附買回票券及債券負債	2,012.92	78
			其他負債	35.68	1
其他資產	48.02	2	**負債總額**	2,277.03	88
			權益總額	309.36	12
資產總額	2,586.38	100	**負債及權益總額**	2,586.38	100

——國票投資明細表

項目	金額（億元）	比率（％）
商業本票	1,328.97	53
可轉讓銀行定期存單	205.73	8
政府公債	248.50	10
金融債	80.16	3
公司債	384.27	15
國外債券	230.35	9
股票	16.40	1
其他	35.50	1
合計	2,529.89	100

註：1. 資料日期為 2021.12.31；2. 數值採百萬元以下四捨五入，計算百分比時尾數會略有誤差
資料來源：公開資訊觀測站

等於「稅後淨利」。

票券業的業務為以短期為主，銀行則可以從事短期、中期、長期授信。由於短期授信的利率本來就比較低，加上票券業的資金來源為法人，資金成本較高，授信對象也為法人，收到的利率較低。因此，票券業的存放款利差很低。

從表 3 可以看出，國票的綜合損益表，和銀行業長得是完全一樣，故票券業與銀行業的相似度較高，而與證券業的業務完全不同（證券相關介紹詳見第 3 章）。衡量一家票券公司的經營能力，可以觀察逾期授信比率、利差、手續費占比等，與評估銀行的經營指標雷同，故不贅述。

為了改善經營條件，國票的母公司國票金（2889）決定跨入銀行領域，從事純網銀業務。未來是否能脫胎換骨，有待時間驗證。

類型2》租賃業

租賃契約指當事人雙方約定，出租人將標的物交由承租人使用，承租人給付租金的契約。借貸契約指當事人雙方約定，借款人提供擔保品，

表3 國票利息淨收益逾17億元
——國票綜合損益表

	項目	金額（億元）	百分比（%）
	利息收入	22.29	50
－	利息費用	5.03	11
=	**利息淨收益**	**17.26**	**39**
＋	手續費淨收益	15.70	35
＋	投資收益	11.51	26
＋	其他收益	0.24	1
=	**淨收益**	**44.71**	**100**
－	各項提存	1.45	3
－	營業費用	7.95	18
=	**稅前淨利**	**35.30**	**79**
－	所得稅費用	5.81	13
=	**稅後淨利**	**29.50**	**66**
－	本期其他綜合損益	16.64	37
=	**本期綜合損益總額**	**12.86**	**29**

註：1. 統計時間為 2021.01.01 ～ 2021.12.31；2. 數值採百萬元以下四捨五入，計算百分比時尾數會略有誤差
資料來源：公開資訊觀測站

放款人貸與本金，之後借款人每期償還本利的合約。買賣契約指一方給付價金，一方交付標的物的合約。

因此，借貸契約可以分解成一個「買賣契約」加一個「租賃契約」（詳

見圖 1）。

　目前的租賃公司，會將借貸契約拆成一個買賣契約加一個租賃契約，表面上是「租賃」，但實際上是「擔保借款」。看似簡單的一個分解動作，卻隱藏很大的學問。

　金融機構的主管機關為金管會，為了保護社會大眾，政府對金融業實施高度監理，法規多如牛毛，導致金融機構綁手綁腳，動輒得咎，一不小心就被罰錢。但租賃業屬於一般產業，主管機關為經濟部，受到的限制相對小很多。由於有利可圖，相關業者就繞過法令，以租賃之名行擔保借款之實。

　銀行可以向社會大眾吸收存款，資金成本低，且槓桿比率高，只要向借款人要求較低的利率，就可以賺錢。租賃公司資金成本較高，放款資金來自金融機構與股東出資，因此會向借款人要求較高的利率。

　另一方面，銀行受到金管會監理，資產品質必須達到一定的標準，只會與信用良好的客戶往來。風險太高的借款人，無法從銀行取得資金，只好轉而向租賃公司融通。當市場達到均衡時，呈現的就是銀行的利率

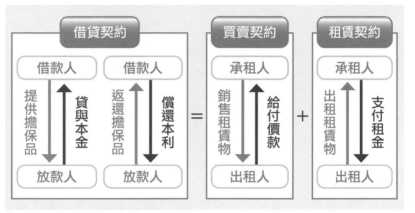

圖1 借貸契約可拆解成買賣契約和租賃契約
——借貸契約、買賣契約與租賃契約示意圖

註：藍箭頭代表物流方向，紅箭頭代表金流方向

低，租賃的利率高。

　　由於租賃公司的客戶風險較高，所以會以租賃物當作擔保品，若客戶違約，則可以將擔保品變現，降低損失金額。也因為租賃公司的客戶風險較高，租賃公司必須定期檢視客戶財務狀況，通常不會提供太長的授信期間。以下以龍頭租賃公司中租-KY（5871）的財報為例，觀察租賃業的經營模式。

①資產負債表

從表 4 可以看出，中租 -KY 的資產總額中有 76% 為應收帳款，實質內容為對客戶的放款，又以短期應收帳款占大多數，有 60%。負債部分來自向金融同業借款，與票券業類似。

財務結構方面，中租 -KY 的負債比率高達 84%，和銀行業一樣，使用高度財務槓桿，因此租賃業的風險較高。

②綜合損益表

由於租賃公司將「借貸契約」拆成一個「買賣契約」加一個「租賃契約」，所以帳上的收入來源可以分成「銷貨收入」與「利息收入」2 項。

「買賣契約」中，租賃公司先向客戶低價買進擔保品，租給客戶，等租賃期間結束，再高價賣給客戶，賺取價差。由於交易涉及「買賣契約」，故帳上會出現「銷貨收入」與「銷貨成本」的會計項目。

由於租賃公司的資產負債表中有一大塊付息負債，所以綜合損益表中會有「利息費用」項目，與之相對應的「應收帳款」，則會產生「分期支付」或「融資型」的「利息收入」。

表4 中租-KY資產總額中有76%為應收帳款
——中租-KY（5871）合併資產負債表

項目	金額（億元）	占比（%）	項目	金額（億元）	占比（%）
現金	463.75	7	短期借款	2,503.25	35
投資	349.07	5	應付票券	902.75	13
短期應收帳款	**4,275.56**	**60**	長期借款	1,583.39	22
長期應收帳款	**1,171.55**	**16**	其他負債	977.73	14
不動產廠房設備	522.41	7	**負債總額**	5,967.13	84
其他資產	349.94	5	**權益總額**	1,165.14	16
資產總額	**7,132.27**	100	**負債及權益總額**	7,132.27	100

註：1. 資料日期為 2021.12.31；2. 數值採百萬元以下四捨五入，計算百分比時尾數會略有誤差
資料來源：公開資訊觀測站

除此之外，租賃公司還會向客戶收取手續費收入。也就是說，租賃公司將一個借貸行為，拆分成「銷售收入」、「利息收入」、「手續費收入」。之所以會有這樣的設計，是租賃公司為了要極大化股東權益。

有人說課稅如同拔鵝毛，「拔最多的鵝毛，聽最少的鵝叫」，如果拔毛拔到鵝痛不欲生，讓很多鵝跑掉、死掉，將會得不償失。租賃公司也是運用相同的方式，如果直接告訴客戶，借款利率為 13%，肯定嚇跑客

戶，所以必須透過合約文字巧妙的安排，客戶才不會覺得利率太高。

不過租賃公司這項「化整為零」的技巧對於大型公司來説，不太有效，因為大型公司有專業的財務人員，可以利用「IRR（內部報酬率法）」還原真實的隱含利率，故租賃公司的客戶，以中小企業占多數。

而就中租 -KY 的綜合損益表來看，中租 -KY 因為有汽車租賃的業務，所以有「租賃收入」與「租賃成本」的會計項目。且中租 -KY 也經營太陽能電廠、油品事業、人身及財產保險經紀等業務，故帳上有其他營業收入（詳見表 5）。

一般而言，中小型客戶的信用風險較高。然而，一般債務人違約，不會一借到錢馬上違約，通常會經過一段期間，財務狀況開始惡化，債務人撐不下去了才違約。如果金融機構迅速衝高營收，就短期而言，當然可以增加獲利，但時間一長，債務人的違約比率上升，金融機構的獲利反而是下降的。

例如台灣的銀行在 2000 年代初期，大量發行信用卡與現金卡，在短期內銀行的獲利確實是上升的，但 2005 年與 2006 年發生雙卡風暴，

表5 中租-KY綜合損益表中有汽車租賃收入、成本等項目

——中租-KY（5871）合併綜合損益表

	項目	金額（億元）	百分比（%）	備註
	銷貨收入	51.33	7	買賣契約
+	利息收入	529.92	74	借貸契約
+	**租賃收入**	**45.85**	**6**	**汽車租賃**
+	其他營業收入	94.50	13	
=	營業收入淨額	721.60	100	
−	銷貨成本	28.99	4	買賣契約
−	利息費用	94.54	13	借貸契約
−	**租賃成本**	**32.40**	**4**	**汽車租賃**
−	其他營業成本	38.95	5	
=	營業成本合計	194.88	27	
=	營業毛利	526.71	73	
−	營業費用	135.15	19	
−	預期信用減損損失	63.48	9	
−	其他收益	6.76	1	
=	營業淨利	334.85	46	
−	業外損益	11.70	2	
=	稅前淨利	346.54	48	
−	所得稅費用	119.60	17	
=	稅後淨利	226.95	31	
+	本期其他綜合損益	−10.86	−2	
=	本期綜合損益總額	216.09	30	

註：1. 統計時間為 2021.01.01 ～ 2021.12.31；2. 數值採百萬元以下四捨五入，計算百分比時尾數會略有誤差
資料來源：公開資訊觀測站

呆帳損失使得銀行獲利大幅下降。

　對於租賃公司而言也同樣是如此，在景氣好時，企業擴廠需要資金，放款金額大幅成長。一旦景氣反轉，租賃公司的客戶都是信用風險高的客戶，違約的比率會比銀行的客戶高。因此投資人決定租賃類股的買賣時點時，應該考慮整體的景氣狀況。

　例如 2018 年發生中美貿易戰，導致中國的景氣明顯下滑，實際走一趟對岸就可以感受到前後的差異。

　在此情況下，投資中國比重高的中租 -KY 雖然短期的獲利成長，但只要景氣反轉，違約率就會上升，鉅額的呆帳損失將吃掉獲利（帳列「預期信用減損損失」）。由於中國當時存在景氣衰退的風險，使得中租 -KY 的股價下跌。所幸中租 -KY 的延滯率（相當於銀行的逾放比率，法說會資料就可以查到）持續下降（詳見圖 2），市場的擔憂沒有發生，所以之後股價又漲回去了。

　由於資產品質對租賃業的獲利與股價都會產生重大的影響，故而在進行買賣股票的決策時，要注意「延滯率」的變化趨勢。

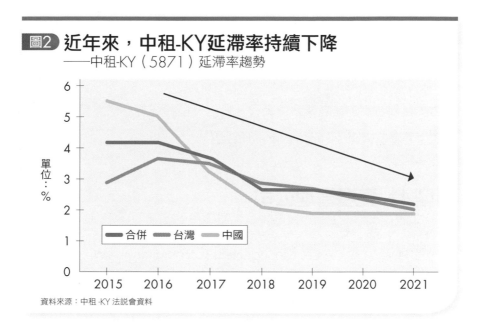

圖2 **近年來，中租-KY延滯率持續下降**
──中租-KY（5871）延滯率趨勢

單位：%

合併　台灣　中國

2015　2016　2017　2018　2019　2020　2021

資料來源：中租-KY法說會資料

類型3》信託業

　　依《信託法》第 1 條可知，「稱信託者，謂委託人將財產權移轉或為其他處分，使受託人依信託本旨，為受益人之利益或為特定之目的，管理或處分信託財產之關係。」

　　簡單來說，信託是由委託人與受託人簽訂信託契約，並將財產移轉給

受託人，再由受託人為受益人的權益，管理委託人交付的財產。受託人可從受託財產中賺取報酬，並將財管管理情況定期向信託監察人報告。

　　由於目前台灣的信託業多由銀行、投信、投顧或證券商兼營，非銀行股的主要獲利來源，因此本書不多加介紹。

類型4》資產管理公司

　　資產管理公司（Asset Management Corporation，AMC）的主要目標，是在處理正常金融機構的「不良債權（Non-Performing Loan，NPL）」。

　　過去銀行將不良債權出售給第三方，再由第三方向債務人追討。但第三方不用受到金管會的規範，常常發生暴力、恐嚇、脅迫、辱罵、騷擾、虛偽、詐欺或誤導債務人，或造成債務人遭受損害。故2013年金管會規定，銀行所有不良債權都只能賣給資產管理公司，且資產管理公司不能再轉售予第三人，目的就是在避免發生不當催收的行為。

　　然而，銀行通常僅能將不良債權以應收金額的3成賣給資產管理公司，

資產管理公司再將買進的資產分門別類，重新組合或分割，再進行出售，賺取價差。部分金融機構不願意白白損失 7 成的款項，故成立資產管理公司，處理自身的不良債權。

在研究金融機構的財務報表時，常常會看到子公司的種類中有資產管理公司。最主要的目的，就是協助銀行處理不良債權，維持金融機構資產的價值，降低處理成本。

由於資產管理公司對金融機構整體的獲利影響不大，這裡僅做簡單介紹，若僅以投資標的挑選為目的，不需要深入研究。

第3章

證券產業

3-1 從法規面認識證券商業務可細分為3種類別

　　看完銀行業的介紹，接著，來看證券業。什麼是證券業？根據定義，證券業是指從事有價證券之承銷、自行買賣、買賣行紀、居間或代理及輔助業務之行業。簡單來說，證券業就是和買賣股票、債券、期貨等衍生性金融商品等有關的行業。

　　而在證券業中，提供投資者證券買賣交易服務的法人組織，就是所謂的「證券商」。證券商經營的業務不同，獲利來源不一樣，對股價的影響也不一樣，因此投資人必須了解各類證券商的差異。以下，我們先從法規面來了解證券商的業務，接著再從財報中來研究證券商的經營模式。

　　根據《證券交易法》第 15 條和第 16 條規定可知，證券商依經營業務之不同，可以分為「證券承銷商（有價證券之承銷）」、「證券自營商（有價證券之自行買賣）」和「證券經紀商（有價證券買賣之行紀、

表1 證券經紀商主要業務為代客下單、借券服務

——證券承銷商vs.證券自營商vs.證券經紀商

類別	業務內容
證券承銷商	輔導公司公開發行或上市（櫃）、股務代理
證券自營商	投資買賣、發行認購（售）權證
證券經紀商	代客下單、借券服務

居間、代理）」3種（詳見表1），分述如下：

類別1》證券承銷商

證券承銷商的業務之一為輔導公司「公開發行」或「上市（櫃）」。當公司成功上市（櫃）後，股票交易代表背後的股東每天都有可能改變，而股東一改變，相關的資料就需要一同改變。由於資料更動的行政程序冗長費時，因此常委託專業的證券承銷商為股務代理機構，協助公司一切之行為符合法律規範。

證券承銷商承銷的業務量與大盤的本益比有關。當大盤的本益比較高時，公司股票的發行價格較高，同樣發行1股，可向資本市場募得較多

資金，公司會傾向現金增資發行股票，或是公開釋股將股票變成鈔票。也就是說，當大盤本益比高時，承銷商的業務會比較多；相反地，當大盤本益比低，承銷商的業務會比較少。

除了輔導公司公開發行或上市（櫃）以外，證券承銷商的另一項業務為股務代理。這部分的收入相當穩定，只要不犯重大錯誤，公司原則上會和證券承銷商續約。且不論景氣好壞，公司都需要證券承銷商提供股務代理服務。

類別2》證券自營商

證券自營商會為自己的利益，買賣有價證券，損益歸於自己。此外，為滿足投資人以小搏大的需求，證券自營商也發行「認購（售）權證」，為自己增加穩定的收入。

①證券自營商的投資損益

證券自營商的投資損益，運氣的成分占大多數，為靠天吃飯的業務。當股市呈現多頭走勢時，投資有機會能夠賺大錢；但當金融風暴發生時，卻也有可能損失天文數字。例如華南金（2880）旗下的永昌證券，於

2020 年新冠肺炎疫情爆發時，被多空雙巴（註1），損失金額達 47 億元。

此外，證券自營商的投資損益，過去的績效和未來的績效，幾乎沒有關係，有可能過去賺錢，未來突然賠錢。也就是說，證券自營商的投資獲利很不穩定，也較難預測。

②證券自營商發行認購（售）權證的損益

權證是一種讓持有者，在未來一段時間內，可用約定的價格買（賣）股票的權利，若該權證是約定未來可用特定價格買進，稱為「認購權證」；若該權證是約定未來可用特定價格賣出，則稱為「認售權證」。

一般來說，若投資人看多股市，可買「認購權證」；反之，若投資人看空股市，則可以買「認售權證」。

由於證券自營商可以透過調整認購（售）權證的隱含波動率，改變標

註1：多空雙巴指投資人在做多時股市開始下跌，於是改為反手做空，結果股市又漲上去，等於來回2次都虧損，如同被打2個巴掌一樣。

的的買賣價差,又可以依照自身的曝險程度調整發行數量,只要當天有開市交易,證券自營商賺錢的機率很高。

也就是說,只要證券自營商做好風險控管,原則上發行認購(售)權證的行為,是可以讓證券自營商穩定獲利的。

類別3》證券經紀商

證券經紀商的業務內容之一,是負責接受客戶委任,代客戶下單,並收取手續費。為了滿足投資人放空的需求,證券經紀商也從事借券服務,透過支付借出股票者利息,並向借入股票者收取利息來賺取利差。部分散戶選擇以融資方式購買股票,亦即證券經紀商放款給客戶,賺取年息6%的利息收入。

證券經紀商的代客下單業務,手續費收入的上限為成交金額的0.1425%。為了衝市占率,各證券商常會提供客戶折扣(詳見補充知識)。只要用網路下單,原則上就會有6折的優惠。

有些小券商為了達成規模經濟的效果,常會削價競爭,但系統也較不

📋 補充知識 **投資人如何選擇證券經紀商？**

常聽到小券商為了增加市占率，以超低的手續費折扣吸引投資人前來開戶，我們應該為了降低交易成本，選擇在小券商下單嗎？

投資人要知道，小券商雖然手續費折扣低，但是下單系統比較不穩定，有時速度較慢，實際成交時價格已經跳了1檔～2檔。大券商雖然手續費折扣不多，但是由於規模較大，交易者眾，如果想賺取借券收入，在大券商下單，比較容易成交。

因此，如果是為了領股利的長期投資人，比較建議在大券商下單，賺取借券收入。由於交易次數不多，手續費多寡對整體投資損益的影響不大。反觀是為了賺取價差的頻繁買賣者，則建議在小券商下單，賺取手續費退佣（詳見表2）。

表2 **若以賺價差為目的，可在小券商下單**
——領股利vs.賺價差

投資目的	性質	建議下單對象	優點
領股利	長期持有	大券商	賺取借券收入
賺價差	頻繁買賣	小券商	手續費折扣高

穩定，不一定價格低就能搶占市場，服務品質才是證券經紀商能否賺錢的關鍵。因此，各證券商開始升級軟體服務，試圖留住客戶。

至於證券經紀商另一項業務內容——借券服務，必須由證券經紀商磨合交易雙方，一方願意借入，一方願意借出，才有機會賺取利差，因此客戶人數多的大券商，比較有機會賺到借券服務收入。

　　從上述內容來看，雖然證券承銷商、證券自營商、證券經紀商的業務內容略有差異，但彼此之間亦有關聯性，若同時經營 3 項業務（即「綜合證券商」），具有規模經濟與範疇經濟的效果，因此政府並未禁止。

　　而以目前情況來看，若證券商同時經營證券承銷商、證券自營商和證券經紀商 3 項業務，可以增加資金運用的效率，故目前台灣證券商多是綜合證券商，只是各項業務占比不同而已。

3-2 看懂財務報表 釐清證券商獲利來源

想要了解各類證券商的差異，從財報中一目了然，還可以知道獲利來源分別為何。因此，要研究證券股，一定要先從財報下手。

資產負債表》證券商資金用途主要可分為2種

就證券商的資產負債表來看，由於目前股票的交易制度，採取「T＋2」交割，因此證券商的帳上會出現金額接近的「應收帳款」與「應付帳款」。舉例來說，在12月31日下單買股的投資人，已經買進股票，但2個營業日後才會從帳上扣款，而該筆交易對證券商來說，雖然還沒收到現金，但有收現的權利，帳列「應收帳款」。

另一方面，對於已經確定賣出股票的投資人，2個營業日後才會收到款項，而對證券商來說，2個營業日後有義務交付現金給投資人，帳列

「應付帳款」。

　　此外，從資產負債表左邊「資產」的項目可以知道，證券商的資金用途，主要可以分為 2 種：

1.借給客戶投資

　　股票市場的信用交易制度，容許投資人買進股票時，只提供 4 成的自有資金，其餘的 6 成向證券商借款，並以買進的股票提供給證券商當作擔保品。這些證券商代墊的款項，最終有權向客戶收回，為證券商的資產，帳列「應收證券融資款」。至於融券業務，證券商以收取之融券賣出價款當作擔保品，未來需要返還客戶。

2.自己投資

　　證券商自營部門可以拿證券商自有的資金進行投資，損益歸於自己，帳列「投資」項目。

　　而從資產負債表右邊「負債和權益」的項目則可以知道，證券商的資金來源，大致可以分為 2 個：①發行「附買回債券」，帳列「負債項目」；②發行「股票」，帳列「權益項目」。

表1 富邦證券負債比率為77%
——富邦證券合併資產負債表

項目	金額 （億元）	占比 （％）	項目	金額 （億元）	占比 （％）
現金及約當現金	225.87	13	附買回債券負債	230.71	14
投資	370.11	22	應付帳款	185.63	11
應收證券融資款	206.60	12	期貨交易人權益	230.97	14
客戶保證金專戶	230.97	14	其他流動負債	630.21	38
應收帳款	186.45	11	流動負債合計	1,277.53	76
其他流動資產	346.68	21	非流動負債	15.97	1
流動資產合計	1,566.69	93	負債總計	1,293.50	77
非流動資產	112.91	7	權益總計	386.10	23
資產總計	1,679.60	100	負債及權益總計	1,679.60	100

註：1. 資料日期為 2021.12.31；2. 數值採百萬元以下四捨五入，計算百分比時尾數會略有誤差
資料來源：公開資訊觀測站

　　以下我用實際的案例來幫大家說明一下，觀察富邦證券的資產負債表可知，其負債比率為 77%（詳見表 1），略低於銀行業，但還是高於其他產業。而證券商的辦公設備等非流動資產，僅占資產的 7%，代表證券商主要是以服務來賺取收入，不太需要花錢進行資本支出。

　　比較特別的是，富邦證券的財報因為包含了期貨業務，所以報表上會

出現「客戶保證金專戶」與「期貨交易人權益」2個項目。由於期貨採取保證金交易，所以客戶必須先將資金匯到期貨商的虛擬帳戶，才能進行交易。

而對於期貨商來說，客戶存入保證金會讓它們有資金入帳，所以屬於「資產」，但依規定，期貨商必須將客戶資金與自有資金分開，故帳列「客戶保證金專戶」。

然而，「客戶保證金專戶」畢竟是屬於客戶的資產，之後證券商有義務返還款項給投資人，故其亦為證券商的負債，帳列「期貨交易人權益」，兩者金額完全相等。

綜合損益表》與資產負債表相對應

證券業綜合損益表的項目會與資產負債表相對應，我們可以富邦證券的綜合損益表做參照（詳見表2）。例如：

1.資產負債表帳上，因為經紀業務產生的「應收帳款」與「應付帳款」，在每次交易時，都可以收取0.1425%的手續費，故在綜合損益表帳列

表2 富邦證券經紀手續費收入占比達63%
——富邦證券綜合損益表

項目	金額（億元）	百分比（%）
經紀手續費收入	**102.08**	**63**
投資收益	26.31	16
利息收入	14.13	9
借券收入	9.92	6
承銷業務收入	4.10	3
股務代理收入	0.84	1
認購（售）權證發行利益	-3.73	-2
其他收益	7.57	5
收益合計	161.22	100
員工福利費用	49.99	31
其他支出費用	44.72	28
支出費用合計	94.71	59
營業淨利	66.51	41
營業外損益	15.59	10
稅前淨利	82.09	51
所得稅費用	11.53	7
稅後淨利	70.56	44
本期其他綜合損益	11.07	7
本期綜合損益總額	81.64	51

註：1. 資料日期為 2021.12.31；2. 數值採百萬元以下四捨五入，計算百分比時尾數會略有誤差
資料來源：公開資訊觀測站

「經紀手續費收入」。

2. 資產負債表帳上的「應收證券融資款」，為證券商借給客戶的資金，每年可以收取 6% 的利息，綜合損益表帳列「利息收入」。

3. 資產負債表帳上，證券商自營部門的「投資」，在正常的情況下，將產生投資收入，故在綜合損益表帳列「投資收入」。

至於「借券服務」與「承銷業務」、「股務代理業務」，因屬於一種服務行為，資產負債表中並無相對應的項目，但是在綜合損益表中，借券服務證券商可以賺取價差，帳列「借券收入」，承銷業務證券商可以賺取「承銷業務收入」，股務代理業務證券商可以賺取「股務代理收入」。

至於資金來源的部分，發行附買回債券會產生利息費用，發行股票需要分配股利，從稅後淨利中斟酌發放。

3-3 參考3項衡量指標 掌握證券商營運核心能力

看完證券業的財報之後，接著，我們可以來看相關的衡量指標，主要有3個：市占率、獲利能力、盈餘品質，可用來了解各證券商的核心能力，進而做出投資決策。分述如下：

市占率》比率愈高，競爭力就愈強

由於證券業具有規模經濟效果，同樣發展一套系統，1人使用和100萬人使用，成本不會差太多。

但就獲利來說，扣除成本和相關費用以後，剩下的就是賺的，而使用同一套系統的人愈多，證券商賺的也就愈多，再加上規模大的證券商，賺錢的機率也比較高，具有競爭優勢，容易出現「大者恆大」的局面。因此，衡量證券商的競爭力指標，其中一項就是規模，也就是市占率。

　　依據證券交易所公布的綜合證券商財務資料月報，以 2021 年各證券商的淨收益金額計算，可以整理出各證券商的市占率（詳見表 1）。

　　目前排名第 1 的是元大證券，市占率 22%；第 2 名是凱基證券，市占率 11%；第 3 名是富邦證券，市占率 7%；第 4 名是永豐金證券，市占率 6%；第 5 名是群益金鼎證券，市占率 5%。一般來說，證券商的市占率愈大，競爭力就愈強。

獲利能力》股東權益報酬率愈高愈好

　　企業的營收減去成本費用，才是企業的獲利。將稅後淨利金額除以股東權益，可以得出股東權益報酬率（ROE）的數值。

　　此為衡量企業經營成果的指標。ROE 愈高，通常會有比較高的股價。

　　就 2021 年的證券商 ROE 資料來看，目前排名第 1 的是新加坡商瑞銀證券，ROE 為 42%；第 2 名是新光證券，ROE 為 30%；第 3 名是福邦證券，ROE 為 27%；第 4 名是玉山證券，ROE 為 24%；第 5 名是台中銀證券，ROE 為 24%（詳見表 2）。

表1 元大證券市占率22%，排名第1
—證券商市占率排名

名次	證券商簡稱	2021年營收（億元）	市占率（%）	名次	證券商簡稱	2021年營收（億元）	市占率（%）
1	元　大	465.04	22	18	康　和	36.09	2
2	凱　基	231.48	11	19	新　光	30.77	1
3	富　邦	153.59	7	20	宏　遠	26.09	1
4	永豐金	129.31	6	21	合作金庫	22.51	1
5	群益金鼎	109.39	5	22	福　邦	19.55	1
6	統　一	105.78	5	23	臺　銀	16.94	1
7	元　富	98.23	5	24	美　好	12.99	1
8	日　盛	84.42	4	25	致　和	10.58	1
9	兆　豐	71.99	3	26	大　展	10.47	1
10	國泰綜合	68.41	3	27	台中銀	9.62	0
11	華南永昌	65.06	3	28	亞　東	7.14	0
12	國票綜合	53.25	3	29	德　信	5.66	0
13	台　新	51.16	2	30	香港上海滙豐	5.57	0
14	新商瑞銀	43.78	2	31	犇　亞	4.89	0
15	玉　山	40.46	2	32	港商麥格理	4.85	0
16	第　一　金	37.47	2	33	法國興業	1.97	0
17	中信託	36.99	2	—	—	—	—

註：1. 統計時間為 2021 年；2. 數值採百萬元以下四捨五入計算，排名則以無限小數排序　　資料來源：證交所網站

盈餘品質》經紀業務獲利穩定，為較佳營收來源

在衡量公司的價值時，除了要關注盈餘的金額外，也要分析盈餘的來源，評估盈餘的品質。證券業分為證券承銷商、證券自營商、證券經紀商 3 類，雖然從事的都是證券業務，但獲利的品質卻不相同。

1.證券承銷商

3-1 有提到，證券承銷商的主要業務為輔導公司公開發行或上市（櫃）和股務代理。當大盤指數位於高檔時，會有較多公司現金增資或初次公開發行（IPO），此時證券承銷商的業務量會比較多。而股務代理業務與景氣無關，獲利非常穩定。在評價上，可以考慮用本益比（P/E）評價。

2.證券自營商

證券自營商的主要業務為投資買賣和發行認購（售）權證。投資買賣部分需要看天吃飯，牛市時和熊市時的操作損益差異極大，獲利不具有穩定性，故以自營為主的證券商，其實性質比較接近景氣循環股，不適合用本益比評價，比較適合用股價淨值比（P/B）評價。

由於自營業務風險較高，例如華南永昌證券在 2020 年因為新冠肺炎

表2 新加坡商瑞銀證券ROE為42%，排名第1
—— 證券商ROE排名

名次	證券商簡稱	ROE（%）	名次	證券商簡稱	ROE（%）
1	新商瑞銀	42	18	致　和	15
2	新　光	30	19	永豐金	15
3	福　邦	27	20	兆　豐	14
4	玉　山	24	21	元　富	14
5	台中銀	24	22	群益金鼎	14
6	宏　遠	23	23	國票綜合	13
7	華南永昌	23	24	中信託	13
8	第一金	18	25	統　一	13
9	富　邦	18	26	合作金庫	12
10	臺　銀	18	27	日　盛	10
11	元　大	18	28	香港上海滙豐	9
12	凱　基	18	29	港商麥格理	9
13	大　展	18	30	犇　亞	8
14	台　新	17	31	美　好	6
15	國泰綜合	17	32	法國興業	4
16	康　和	16	33	亞　東	3
17	德　信	15	－	－	－

註：1.統計時間為2021年；2.數值採四捨五入計算，排名則以無限小數排序　　資料來源：證交所網站

疫情爆發，損失金額一度達到 47 億元，因此以自營為主的證券商，市場給予的股價淨值比，會低於以承銷或經紀為主的證券商。

權證的部分，則是證券商與客戶對作，由於證券商擁有較多的資源與資訊，獲利的機率較高，但若不幸遇到天才投資人，也是有可能賠錢。2021 年遇到台股衝上萬八，多數證券商始料未及，導致發行權證的業務賠錢，例如富邦證券。

3.證券經紀商

證券經紀商的主要業務為代客下單和借券服務，獲利來源主要為經紀手續費收入與利息收入。當證券市場成交量上升時，證券經紀商的手續費收入上升。當市場處於低利率環境時，證券經紀商的利息收入不變，利率一樣是 6%，但利息費用下降，此時的利息淨收益金額上升。當市場處於低利率環境與成交金額增加時，此時證券經紀商的獲利會上升。

代客下單業務方面，與資本市場的熱度有關。同樣都是成交 1 張股票，但是股價較高，成交金額也較高，證券經紀商就可以收取較高的手續費收入（上限為 0.1425%）。就目前金控旗下的證券商來說，獲利來源大多以「經紀」業務為主，獲利穩定，為較佳的營收來源（詳見表 3）。

部分上市（櫃）證券商主要獲利來源為投資收益，獲利不穩定，不適合存股，比較適合短線買賣賺取價差。

比較特別的證券商有以下 2 家：

①**福邦證**（6026）：營收來源主要是「承銷」與「股務代理」的服務費，為一家以承銷為主要業務的證券商，營收來源也算穩定。但 2021 年台股表現實在是太好了，以致福邦證的獲利來源，改以投資為主。

②**大展證**（6020）：大展證的營收來源主要是「投資」，獲利金額受外在因素影響，不確定性高，並非證券商自己可以控制的。由於投資收益的金額變動較大，盈餘品質不穩定，為較差的盈餘來源。除非大展證的交易室操盤手可以每年穩定賺取超額報酬，否則可能這個月大賺，下個月變成虧損，未來的每股稅後盈餘（EPS）較難估計，增加投資人判斷的風險。

有些證券商雖然單一年度獲利很高，但若是來自自營部門，比較不穩定，容易大起大落。獲利來源為經紀業務或承銷業務的證券商，盈餘品質較佳，比較適合長期投資。

表3 金控旗下證券商獲利來源以經紀業務為主

名稱	股號	經紀	利息	借券	承銷
統一證	2855	43%	10%	0%	1%
群益證	6005	**60%**	13%	3%	1%
致和證	5864	35%	8%	0%	0%
宏遠證	6015	39%	1%	0%	3%
康和證	6016	**49%**	9%	1%	1%
大展證	6020	8%	3%	0%	0%
美好證	6021	**75%**	15%	0%	0%
福邦證	6026	5%	2%	0%	10%
德 信	6027	42%	0%	0%	3%

母公司（股號）	證券公司	經紀	利息	借券	承銷
華南金（2880）	華南永昌	**77%**	13%	3%	1%
富邦金（2881）	富 邦	**63%**	9%	6%	3%
國泰金（2882）	國泰綜合	**79%**	8%	0%	1%
開發金（2883）	凱 基	**53%**	12%	4%	3%
玉山金（2884）	玉 山	**81%**	12%	0%	1%
元大金（2885）	元 大	**46%**	16%	3%	2%
兆豐金（2886）	兆 豐	**65%**	14%	2%	2%
台新金（2887）	台 新	**58%**	12%	0%	4%
新光金（2888）	元 富	**53%**	13%	3%	2%
國票金（2889）	國票綜合	**58%**	16%	2%	1%
永豐金（2890）	永 豐 金	**67%**	12%	2%	2%
中信金（2891）	中 信 託	**52%**	11%	1%	1%
第一金（2892）	第 一 金	**65%**	11%	1%	4%
日盛金（5820）	日 盛	**72%**	12%	3%	0%
合庫金（5880）	合作金庫	**60%**	14%	0%	3%

註：1. 統計時間為 2021 年；2. 負值表虧損；3. 紅字代表主要獲利來源　　資料來源：公開資訊觀測站、各家財報

──各上市（櫃）及金控旗下證券商獲利來源占比

股務代理	投資	權證	股利	其他	合計
1%	**58%**	−25%	4%	8%	100%
1%	22%	−7%	2%	5%	100%
0%	**47%**	0%	10%	0%	100%
3%	**52%**	0%	1%	1%	100%
1%	36%	−4%	6%	1%	100%
0%	**87%**	0%	1%	1%	100%
0%	−4%	0%	13%	1%	100%
6%	**74%**	0%	1%	2%	100%
0%	**47%**	0%	3%	5%	100%

股務代理	投資	權證	股利	其他	合計
0%	4%	0%	2%	0%	100%
1%	15%	−2%	4%	1%	100%
0%	15%	−5%	1%	1%	100%
1%	14%	−1%	1%	13%	100%
0%	5%	0%	1%	0%	100%
1%	21%	0%	3%	8%	100%
1%	21%	−12%	7%	0%	100%
3%	21%	−3%	3%	2%	100%
1%	34%	−11%	4%	1%	100%
0%	39%	−20%	1%	3%	100%
1%	15%	−5%	2%	4%	100%
0%	30%	0%	4%	1%	100%
0%	15%	−1%	2%	3%	100%
1%	3%	0%	7%	2%	100%
0%	19%	0%	5%	−1%	100%

3-4 散戶蜂擁進入股市 為證券商帶來豐厚利潤

　　前面我幫大家介紹了證券業的衡量指標，以下來看證券業目前的經營現況。

　　1987年，台灣省主席邱創煥宣布自1988年起暫停發行愛國獎券，「大家樂」（註1）因此沒落，市井小民開始轉戰股市。

　　之後，受惠「出口導向」政策成功，台灣累積大量的外匯存底，新台幣兌美元的匯率，也從40：1一路升值為25：1。在新台幣升值的期間，國際熱錢大量流入，導致房地產與股市飆漲，1985年到1990年之間，就是「台灣錢淹腳目」的年代。

　　1989年10月，台灣不再被美國列為匯率操縱國，新台幣也就沒有繼續升值的壓力，國際熱錢開始流出台灣，新台幣也由升值轉為貶值。

台股加權指數在 1990 年 2 月創下 1 萬 2,682 點的高點後,開始一瀉千里,短短 8 個月跌掉 1 萬多點。

　過去台股被詬病為「淺碟型市場」,也就是散戶占成交金額的比重過高。相較於歐美是大型專業機構投資人參與股市,台灣則是散戶當家,1997 年散戶投資台股的交易比重還高達 9 成。由於散戶比較容易受情緒影響投資決策,導致台股容易大起大落。

　為了解決這個問題,政府開始放寬外資投資台股的限制,每當股市大跌,民間就會有聲音要求放寬外資投資台股的限制,希望藉由外資的活水來護盤。在全球金融市場國際化與自由化的浪潮下,1993 年台灣廢除「外國專業投資機構(QFII)核准制」,改採「登記制」,外資在台股的交易比重快速上升,2010 年代,占比已逾 2 成。

　受限於資訊不對稱,外資擁有比散戶更多的資訊,常賺走散戶的錢。韭菜散戶每次一買就跌,一賣就漲,好像被地獄倒楣鬼附身一樣。股票

註 1:大家樂是 1980 年代風行的一種非法賭博方式,其開獎方式是利用愛國獎券的最後 2 碼來兌獎。

市場經過多次的大起大落，導致大眾的財富進行多次重新分配，韭菜散戶開始失去信心，漸漸退出股票市場。此消彼長的趨勢不斷延續，到2016年，台股散戶的交易占比僅剩6成左右。

之後，隨著利率不斷降低，散戶將錢存在銀行的利息是愈來愈少，加上薪資上漲的幅度敵不過通貨膨脹的速度，年輕人要靠自己買房置產，幾乎是不可能的任務。但生命會自己找出路，台灣有許多散戶開始研究，如何能在股票市場中賺錢。

隨著網路的普及，以及各種通訊軟體（例如 line）的興起，讓散戶也能快速取得資訊，互通有無，與外資的差距逐漸縮小。加上政府規定資訊必須充分揭露，使得散戶可以在每日收盤後得知外資與投信的動向，法人的優勢逐漸喪失。

2016年後散戶占台股交易的比重從谷底翻升

若以年代做區分來看散戶的行為，2000年以前的散戶，經歷過大家樂瘋狂的年代，喜歡聽明牌，期待投顧老師能帶自己飛；2000年～2016年之間，部分散戶因為多次虧損的經驗而退出市場；然而，2016

年以後的散戶，教育程度大幅提升，滿街都是大學學歷，自己有獨立思考的判斷能力，願意犧牲下班的休閒時間，將心力用來研究股市，甚至花錢買書、買軟體，參加課程，提升自己的專業知識。終於皇天不負苦心人，許多散戶靠投資致富，並透過財經雜誌等媒體，將素人的投資策略廣為分享，吸引更多的散戶投入股市。

「物極必反，否極泰來。」2016 年，散戶占台股交易的比重開始谷底翻升。2020 年發生新冠肺炎疫情，台股加權指數從高點崩盤，各國紛紛採取低利率政策，股市也開始反彈，正當老手猶豫不決時，年輕人紛紛到證券商開戶，勇敢危機入市，一個個變成少年股神，只能說高手在民間。

而這些散戶又分成 2 派，一派是短進短出的「當沖派」、一派是長線持有的「存股派」。這些短進短出的當沖派，為股市帶來成交量，功不可沒；另一派存股派開始鎖定績優股，一向是外資持有的台積電（2330），搖身一變成為散戶的最愛，開始定期定額長期持有。

由於散戶瘋狂進入股市，成交金額上升，融資使用增加，加上指數突破歷史高點 1 萬 2,682 點，為證券商帶來豐厚的利潤。

3-5

從5類廣義機構
認識證券業多元面貌

證券業除了證券商以外，期貨商、投資信託（簡稱投信）、投資顧問（簡稱投顧）、證券金融公司、創業投資（簡稱創投）等，亦屬廣義的證券機構，以下為大家分別介紹。

期貨商》性質類似證券商，操作標的為期貨

期貨商經營之業務分為自營及經紀，性質與證券商類似，只是操作之標的為期貨。依據《期貨交易法》第3條規定，廣義的期貨包括「期貨」、「選擇權」、「期貨選擇權」、「槓桿保證金交易」、「交換契約」等。

然而，期貨商通常會兼營其他業務，例如群益期貨就兼營「期貨顧問事業」、「期貨經理事業」、「證券交易輔助人」、「證券投資顧問事業」、「證券自營事業」、「槓桿交易商」。但收入來源還是以「經紀手續費收入」為主，約占整體營收的8成。

到底什麼是期貨呢？根據專業的嚴謹定義，期貨是一種跨越時間的交易方式。買賣雙方透過簽訂合約，同意按指定的時間、價格與其他交易條件，交收指定數量的現貨。若使用口語化的方式來解釋，與期貨相對的名詞為現貨，「現貨」的意思為「現在」商品「現在」的價格，「期貨」的意思為「未來」商品「現在」的價格。

舉例來說，「二手成屋」就是現貨，「預售屋」就是期貨。預售屋是建設公司正在蓋的房子，目前尚未完工，無法居住，現在只是鋼筋水泥，未來才會變成房子。

也就是說，預售屋為「未來的商品」，但建設公司考量通貨膨脹率與風險，用「現在的價格」賣給客戶。客戶購買預售屋的當下，不需要支付全額的價款，只要拿出 5% 的首期款就可以了，具有槓桿的性質，與期貨商品類似。

市場之所以會發展出期貨商品，最初是「避險」需求。例如美國的麥農到期收成，會有大量的小麥，但未來小麥的價格不確定。此時美國的麥農就可以簽定期貨賣方合約，確定商品售價，未來小麥的價格不論是漲或跌，麥農都可以用固定的金額賣出小麥，收取當初預計的現金金額，

規避小麥價格變動的風險。

後來，大家察覺期貨亦具有「價格發現機制」（指市場透過期貨交易的公開競價過程，能夠表明現貨市場未來價格變動的趨勢）。由於價格發現機制有助於資源的合理配置，讓市場運作更具有效率，對社會具有貢獻，各國政府大多積極推廣期貨交易。

然而，由於期貨的保證金交易制度，部分投資人使用高額槓桿，希望以小搏大賺取獲利，故而期貨商品亦具有「投資」的功能。若風險控管得宜，眼光精準，固然可以賺取獲利。但若不了解期貨商品就貿然進場，孤注一擲，那與賭博沒什麼兩樣，並非發展期貨商品當初的本意。

目前從事期貨交易的主要為「自然人」、「外資」、「期貨自營商」，占比分別為 49%、43%、6%（註 1）。依據台灣期貨交易所之統計資料顯示，2021 年，專營期貨經紀商有 14 家，兼營期貨經紀商有 13 家，期貨交易輔助人有 43 家，專營自營商有 12 家，兼營自營

註 1：還有 2% 屬於「其他」。

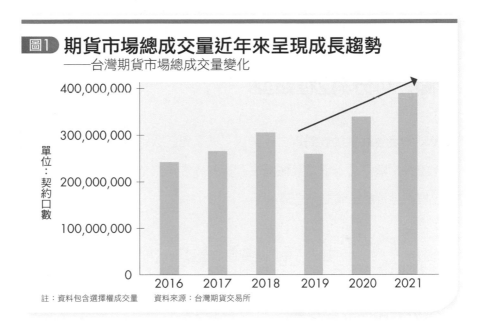

圖1 期貨市場總成交量近年來呈現成長趨勢
——台灣期貨市場總成交量變化

單位：契約口數

註：資料包含選擇權成交量　　資料來源：台灣期貨交易所

商有 20 家。由於期貨交易多空皆宜，受到投資人的喜愛，近年市場有成長的趨勢（詳見圖 1）。

　　由於期貨與證券性質接近，亦呈現大者恆大現象，因此投資人在選股時，應該挑選前段班的期貨商。例如 2021 年，元大期（6023）市占率 23%，排名第 2；群益期（6024）市占率 10%，排名第 3，表現都不錯（註 2，詳見表 1）。這些前段班的期貨商，同時受惠「市場規模

成長」與「市場占有率擴大」,長期獲利有機會持續成長。

投顧》可分為2種類型

投顧的定義為直接或間接自委託人,或是第三人取得報酬,對有價證券、證券相關商品,或是其他經主管機關核准項目的投資或交易有關事項,提供分析意見或推介建議。

一般常見的投顧可分成「證券經紀商兼營投顧」和「專營投顧」2種:

1.證券經紀商兼營投顧

證券經紀商的收入來源為客戶下單的手續費收入,與客戶融資買進股票的利息收入,若客戶增加下單的頻率,或是增加融資的部位,證券經紀商就可以增加收入。

為了使業務順利拓展,通常證券經紀商會申請兼營投顧業務。一旦取得投顧證照,證券經紀商就可提供研究報告(即「券商報告」),對個

註2:排名第1的凱基期貨未上市,為開發金(2883)旗下的金融機構。

表1 凱基期貨市占率達26%，排名第1
——各期貨商2021年市占率排名

名次	機構名稱	市占率（%）
1	凱基期貨	26
2	元大期貨	23
3	群益期貨	10
4	永豐期貨	6
5	統一期貨	4
6	富邦期貨	3
7	康和期貨	3
8	元富期貨	2
9	日盛期貨	2
10	華南期貨	2
	其他	9
	合計	100

資料來源：台灣期貨交易所期貨商交易年報表

股進行推薦，或是對大盤的變動趨勢提供看法。這些券商報告通常是免費，但僅供客戶使用，目的是提供誘因讓客戶下單，以賺取手續費收入。

雖然證券經紀商體系下的投顧沒有從客戶身上直接取得報酬，券商報告也是免費，但卻可以協助經紀業務成長，因此目前市面上的證券經紀

商，多會跨入投顧業務。也由於此類投顧沒有直接向讀者收錢，若標的股票未到達券商報告中的目標價，投資人不滿的情緒較小。

2.專營投顧

相對於免費的券商報告，專門以銷售投資建議的投顧公司，就是直接自委託人身上取得報酬。依據《證券投資顧問事業設置標準》規定，這些投顧公司只需要資本額 2,000 萬元即可成立。且投顧公司的股東身分有嚴格要求，股權無法分散，不符合上市（櫃）標準，一般投資人無法藉由購買投顧公司的股票而獲利，也讓投顧公司蒙上一層神祕的面紗。

過去投顧有一些不當行銷的手法，藉由將會員「分組」，買進一籃子股票，哪檔股票上漲，就拿哪檔股票出來講，或是透過不斷「升級」的手法，持續向會員收取會費，導致形象受損。然而現在隨著資訊的透明度增加，傳統投顧的不當經營方式，有漸漸改善。

投信》易形成規模經濟，產生大者恆大現象

投信指向不特定人募集證券投資信託基金（即「公募基金」），發行受益憑證。由於經濟持續正成長，帶動指數上漲，使基金的規模呈現成

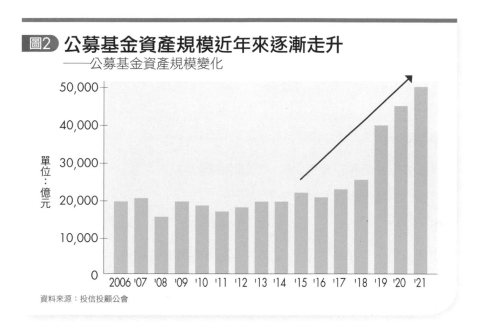

圖2 公募基金資產規模近年來逐漸走升
——公募基金資產規模變化

資料來源：投信投顧公會

長趨勢（詳見圖2）。

　　民眾購買基金的通路，以銀行、證券、保險為主：

1.銀行

　　銀行可以透過財富管理部門的理專，推銷基金產品，故消費金融表現優異的銀行，例如中國信託銀行與台新銀行，集團的投信規模就比較大。

2.證券

　　證券業務市占率高的集團，由於擁有客戶名單，容易銷售基金，例如元大投信、群益投信、凱基投信。

3.保險

　　保險公司會銷售投資型保單，連結標的通常為自家基金，故國泰投信、富邦投信的基金規模亦在前段班。

　　由此可見，有了金控體系的支援，各項業務相輔相成，容易使投信基金的規模擴大，例如元大金（2885）與國泰金（2882），旗下同時擁有銀行、證券、保險機構，最後形成規模經濟，造成大者恆大的局面（詳見表2）。

　　由於投信是依據基金的規模收取管理費與手續費，規模愈大，投信的收入愈多，也愈容易賺錢。

　　因此，投資人在挑選金融機構作為存股標的時，建議以大型的金控公司為首選。除了本身的業務賺錢，旗下的投信等業務，賺錢的機率也比其他公司來得高。

表2 元大投信公募基金市占率達15%，排名第1
——投信公募基金2021年12月底規模排名

名次	投信公司	基金規模（億元）	市占率（%）
1	元大投信	7,651	15
2	國泰投信	5,035	10
3	群益投信	4,240	9
4	復華投信	3,561	7
5	富邦投信	3,554	7
6	中國信託投信	3,032	6
7	安聯投信	2,322	5
8	凱基投信	2,004	4
9	柏瑞投信	1,409	3
10	野村投信	1,263	3
11	台新投信	1,238	2

資料來源：投信投顧公會月報

證券金融公司》經營不易，目前僅剩元大證金

　　證券金融公司是辦理證券金融業務的專門機構，其業務主要是融通資金或證券給證券商或投資人（註3）。然而台灣經歷過多次「不景氣淘汰不爭氣」後，目前存活的證券商，大多財務體質良好，且通常有金控或其他金融機構支援，不需要向證券金融公司調度資金。

加上一般投資人，經由下單的證券商就可取得融資額度，亦可透過下單證券商進行有價證券的借貸，使得證券金融公司的業務規模難以提升。

國內證券金融公司在 1995 年全盛時期共有 4 家，分別為「復華證金」、「富邦證金」、「安泰證金」與「環華證金」，後來「復華證金」發展成「元大證金」。

由於證券金融公司的業務與證券商高度重疊，經營困難，富邦證金與安泰證金在 2010 年將業務受讓給元大證金，之後環華證金也在 2019 年將業務受讓給元大證金，目前國內證券金融公司僅剩元大證金一家。

創投》許多金控皆設有創投公司，但規模不大

創投事業自 1984 年引進台灣，由一群具有技術、財務、市場或產業專業知識和經驗的人士，協助投資人於高風險、高成長的投資案中，選

註 3：依據《證券金融事業管理規則》第 2 條之規定，證券金融公司為給予證券投資人、證券商或其他證券金融事業融通資金或證券之事業。

擇並投資有潛力之草創企業，追求預期報酬率高的基金。

創投的業務分為 2 部分，買方（buy side）與賣方（sell side）。其中，買方負責尋找有潛力的投資機會，賣方則負責找錢，說服金主出資。許多金控旗下都有創投公司，但規模不大，對整體的損益影響有限，故不多做說明。

第4章

保險產業

透過財務報表
分析壽險業獲利能力

　　看完證券業的相關介紹以後，接著，我們可以來看保險業。根據《保險法》第 13 條規定可知，「保險分成『財產保險（簡稱產險）』與『人身保險（簡稱壽險）』。財產保險包括火災保險、海上保險、陸空保險、責任保險、保證保險；人身保險包括人壽保險、健康保險、傷害保險及年金保險。」以下 4-1 ～ 4-3 我們會先介紹壽險的相關內容，接著 4-4 ～ 4-6 再介紹產險的相關內容。

資產負債表》「投資」占資產比重最高

　　先來看壽險的資產負債表，其左邊「資產」記錄的是壽險公司的生財方式。以富邦人壽的資產負債表為例，資產的項目當中，最主要是「投資」，包含投資股票、投資債券、投資不動產等，約占資產比重 8 成（詳見表 1）。

表1 富邦人壽保險負債占比達76%
——富邦人壽資產負債表

項目	金額（億元）	占比（%）	項目	金額（億元）	占比（%）
現金及約當現金	2,354.22	4	**保險負債**	**43,600.01**	**76**
放款	2,696.53	5	分離帳戶保險商品負債	4,977.27	9
投資	45,588.16	80	其他負債	2,441.70	4
其他資產	1,496.79	2	**負債總計**	51,018.97	89
分離帳戶保險商品資產	4,978.37	9	**權益總計**	6,095.11	11
資產總計	57,114.08	100	**負債及權益總計**	57,114.08	100

註：1. 資料日期為2021.12.31；2. 數值採百萬元以下四捨五入，計算百分比時尾數會略有誤差
資料來源：公開資訊觀測站

看完資產接著來看資產負債表右邊的「負債」，從表1可以看出，壽險公司大部分的負債是「保險負債」，保險負債為未來壽險公司可能會理賠的金額，這個是一個估計數，估計未來保險金給付的金額，用一個折現值（類似通貨膨脹率的概念），把未來的金額換算成現在的價值。

銀行的資金來源為社會大眾的存款，壽險的資金來源為社會大眾的保費，有類似之處。若將壽險和銀行相比，則銀行業的資產負債表中，大部分的資產是「放款」，放款可能被掏空，一夕之間化為烏有。而壽險

業的資產主要是「投資」，如果眼光不準，投資失利，資產一樣會化為烏有。另一方面，銀行業的資產負債表中，大部分的負債是「存款」，金額是固定的。壽險業的負債主要是「保險負債」，如果突然發生天災人禍，壽險公司的理賠金可能大幅增加，連帶使得壽險公司的負債大幅增加。

從風險的角度來分析，銀行業要面對「資產」端的不確定性，放款可能收不回來；而壽險業要同時面對「資產」端和「負債」端的不確定性，投資可能失利，「保險負債（賠償金額）」可能突然暴增，經營風險較高、獲利波動較大，故股價的起伏也較銀行大。由於壽險業的經營風險高於銀行業，故壽險業的股價淨值比低於銀行業。

就槓桿程度而言，富邦人壽的負債比率89%，與台北富邦銀行接近（詳見2-1）；另一方面，只要富邦人壽的資產價值下跌11%，公司的權益金額就會變成零。因此，如何控管風險去追求合理的報酬率，對壽險公司而言相當重要。

最後，還有一個需要留意的地方是，當壽險公司銷售投資型保單時，是由壽險公司幫客戶決定保費的運用，但投資損益卻是由客戶承受。

表2 壽險公司金融資產依持有時間長短可分為3類
——壽險公司3類金融資產比較

名稱	持有時間	持有目的	市價變動
透過損益按公允價值衡量之金融資產	短	交易目的	影響EPS及每股淨值
透過其他綜合損益按公允價值衡量之金融資產	中	備供出售	影響每股淨值
按攤銷後成本衡量之金融資產	長	持有至到期日	完全沒影響

故而雖然壽險公司擁有有價證券，但實際上，該有價證券是屬於客戶的資產，所以在資產負債表帳上，資產和負債兩端會分別列示「分離帳戶保險商品資產」與「分離帳戶保險商品負債」，兩者金額原則上一致，在特殊情況時會有些許差異，例如評價損益列為權益。

從前述可知，壽險的資產大部分在投資，而不同種類的投資，其會計的做帳方式並不相同，對每股稅後盈餘（EPS）的影響也不一樣，必須有所區分。

依據「國際財務報導準則（IFRS）」第9號「金融工具」之規定，投資可依壽險公司持有期間長短分為3類，分述如下（詳見表2）：

1.透過損益按公允價值衡量之金融資產

「透過損益按公允價值衡量之金融資產」是以「交易為目的」，企業買進後打算立即出售，賺取價差。

當「透過損益」按公允價值衡量之金融資產價格變動時，損益認列在損益表，導致企業 EPS 上升或下降，每股淨值也會變動。

2.透過其他綜合損益按公允價值衡量之金融資產

「透過其他綜合損益按公允價值衡量之金融資產」也是以賺取價差為目的，但企業預計長期持有，買進後「準備供出售」。

當「透過其他綜合損益」按公允價值衡量之金融資產價格變動時，由於企業打算長期持有，這代表即使該資產現在價格上漲，但之後價格卻有可能下跌，故而制定會計準則的學者專家將這塊損益列為「其他綜合損益」，位於綜合損益表中稅後淨利的下方，不會影響 EPS，但是會影響每股淨值。

3.按攤銷後成本衡量之金融資產

「按攤銷後成本衡量之金融資產」是以賺取孳息為目的，企業打算「持

有至到期日」（註1）。只要債券不違約，到期時市價會等於面額，即使持有期間債券價格漲漲跌跌，但企業不打算賣出，中間價格的漲跌不會影響企業的現金流量。因此，制定會計準則的學者專家認為，企業預計持有至到期日的債券，每期認列利息收入就好，對於市價的變動，不需要做任何記錄。

　　由於壽險公司的資產大部分在投資，所以壽險公司投資了哪一些項目、是否做好風險控管、虧損的機率如何等，都是必須關注的重點。

　　舉例來說，債券的價格和利率呈現相反方向的變動，當市場開始升息時，債券的價格就會下跌。那麼，對於滿手債券的壽險業來說，在市場開始升息時，獲利究竟是成長還是衰退呢？這時候，就必須看這個債券是採用何種會計做帳方式來判斷。

　　當全球降息時，壽險公司手中的「透過損益」按公允價值衡量之金融資產確實認列了評價利益，使得EPS上升；「透過其他綜合損益」按公允價值衡量之金融資產價格上漲也認列了未實現利益，不影響EPS，但

註1：股票沒有到期日，只有債券有到期日。

使得淨值上升。

　　反之，當全球開始升息時，壽險公司持有的「透過損益」按公允價值衡量之金融資產確實會產生損失，而「透過其他綜合損益」按公允價值衡量之金融資產只是將之前認列的未實現利益迴轉，不會導致 EPS 下降。

　　以富邦人壽的財報為例，「透過其他綜合損益」按公允價值衡量之金融資產占比僅 16%，當利率上升時，的確會導致淨值下降，被市場稱為隱形殺手，所幸占比不高，不至於造成太大的影響。

　　另一方面，新年度的保費收入，在利率上升時，可以買進利率比較高的債券，賺取比較高的投資報酬率。隨著時間的經過，以前舊的高利率保單逐漸減少，新的低利率保單逐漸增加，不管利率上升或下跌，壽險公司的負債資金成本都逐年遞減。

　　由於保險公司手中的債券多為長期持有（富邦人壽的占比為 46%，詳見表 3），價格下跌，其實不太會影響 EPS。而資產的報酬率上升，負債的利息成本下降，將導致利差益持續擴大。綜上可知，在升息的過程中，壽險公司的獲利有機會持續成長。

表3 富邦人壽按攤銷後成本衡量之金融資產達46%
——富邦人壽投資明細表

項目	金額（億元）	百分比（%）
透過損益按公允價值衡量之金融資產	14,166.90	31
透過其他綜合損益按公允價值衡量之金融資產	7,188.20	16
避險之金融資產	5.19	0
按攤銷後成本衡量之金融資產	**21,025.15**	**46**
採用權益法之投資	179.19	0
投資性不動產	3,023.54	7
合計	45,588.16	100

註：1. 資料日期為 2021.12.31；2. 數值採百萬元以下四捨五入，計算百分比時尾數會略有誤差
資料來源：公開資訊觀測站

看到這裡，我相信還是有些讀者無法理解會計準則為什麼要這樣規定。對此，我只能說，市場上的主流看法認為，目前的規定最能反映出企業真實的營運情況。因此，如果認為這規定不合理，歡迎研讀會計博士，修改目前的規定。

綜合損益表》壽險公司主要收益為保費收入

想要知道壽險公司的獲利結構，可以從綜合損益表下手。從表4可以看出，壽險公司的收入來源，最主要的就是「保費收入」，占整體收入

的 59%。其次為「投資收益」，占整體收入的 40%。

投資收益的獲利金額與壽險公司的眼光精準度有關。因此，在衡量壽險公司的投資績效時，除了要看「投資報酬率」的比率以外，也要分析獲利的穩定性，看看其投資報酬率是否大起大落。

此外，壽險公司的經營能力為何？能否嚴格控管成本、減少支出？都與最後的稅後獲利有關。壽險公司每月公告的營收金額，為「營業收入合計」，並非綜合損益表最上方的保費收入。

將營業收入合計扣掉「營業成本（包括保險的賠款、給付給業務員的佣金費用與其他營業成本）」後，再扣掉「營業費用」，可以計算出「營業淨利」。扣掉所得稅費用以後，等於稅後淨利。

至於其他綜合損益，主要是「投資未實現的損益」。由於壽險公司最大的資產是投資，已經獲利了結的部分，列為「投資收益」，為營業收入的一部分；而中期投資尚未賣出的部分，發生的損益列為「本期其他綜合損益」，會計項目擺在綜合損益表稅後淨利的下方，不納入 EPS 的計算。

表4 富邦人壽保費收入占比達59%
——富邦人壽綜合損益表

	項目	金額（億元）	百分比（%）
	保費收入	**4,329.49**	**59**
＋	投資收益	2,968.44	40
＋	其他營業收入	61.82	1
＝	**營業收入合計**	7,359.75	100
	保險賠款與給付	2,903.26	39
	＋其他保險負債淨變動	2,394.89	33
	＋其他營業成本	711.98	10
－	＝營業成本合計	6,010.13	82
－	營業費用合計	205.99	3
＝	**營業淨利**	1,143.64	16
＋	營業外收入及支出	10.16	0
＝	**稅前淨利**	1,153.79	16
－	所得稅費用	116.82	2
＝	**稅後淨利**	1,036.97	14
＋	本期其他綜合損益	149.09	2
＝	**本期綜合損益總額**	1,186.06	16

註：1. 統計時間為 2021 年；2. 數值採百萬元以下四捨五入，計算百分比時尾數會略有誤差　　　資料來源：公開資訊觀測站

　　將稅後淨利調整未實現損益（即「本期其他綜合損益」）以後，等於本期綜合損益總額。

4-2

運用5項衡量指標
評估壽險公司發展前景

認識完壽險公司的財務報表之後,接著,我們可以來看壽險公司的衡量指標,像是市占率、獲利率、繼續率、理賠訴訟率、精算價值等(註1),以下分別說明。

市占率》比率愈高,有機會銷售愈多保單

從 4-1 可以知道,壽險公司的收入來源,主要為保費收入。一家壽險公司的市占率愈高,客戶愈多,就有機會銷售愈多的保單,賺取愈多的保費收入。因此,在衡量一家壽險公司的好壞時,市占率非常重要。市

註1:各項財務業務指標可以從「保險業公開資訊觀測站(ins-info. ib.gov.tw/index.aspx)」查詢,或是「財團法人保險事業發展中心(www.tii.org.tw/tii/information/information1)」網站查詢。

占率愈高，就愈有機會發揮規模經濟效果。

衡量市占率的指標，為個別壽險公司總保費收入占全體壽險公司總保費收入的比率。

由於各國風土民情不同，本國保險公司的經營模式較符合國人需求，外商壽險公司漸漸退出本國市場，故市占率前 6 名的保險公司，皆為本國壽險公司（詳見表 1）。就競爭力而言，國泰人壽、富邦人壽、中國人壽、台灣人壽都表現不錯。

獲利率》留意4收益來源

原則上，壽險契約為長期契約，由保戶分期支付保險費，壽險公司則藉由專業知識管理龐大的資金，提供風險移轉的保障。

從 4-1 綜合損益表中可以知道，壽險公司的收入來源有「保費收入」與「投資收益」，但收入要扣掉成本費用才會等於獲利。因此，我們要看的是「保費利益」，而不是「保費收入」。依產生利益來源不同，我們可以將「保費利益」部分拆成「死差益」、「費差益」，或是可以再

多一項「解約益」；「投資收益」高於預期的部分則為「利差益」。

1.死差益

「死差益」指整體被保險人的死亡率低於預定的死亡率，壽險公司的理賠金額比預期少，所產生的營業利益。

2.費差益

「費差益」指實際營業費用率低於預定費用率，壽險公司的營業費用比預期少，所產生的營業利益。

3.解約益

「解約益」指要保人中途解約，責任準備金高於解約金的差異，所產生的營業利益。

4.利差益

「利差益」指壽險公司的實際投資報酬率高於預定報酬率，所產生的營業利益。

上述 4 種收益愈高，保險公司整體的獲利就愈高。可惜目前相關數據

表1 國泰人壽市占率達21.8%，排名第1
——壽險公司市占率排名

名次	公司名稱	市占率(%)	名次	公司名稱	市占率(%)
1	國泰人壽	21.8	12	元大人壽	2.3
2	富邦人壽	15.2	13	法商法國巴黎人壽	2.3
3	南山人壽	12.1	14	英商安達人壽	1.9
4	新光人壽	8.1	15	臺銀人壽	1.2
5	中國人壽	7.5	16	保誠人壽	1.2
6	台灣人壽	7.0	17	台新人壽	0.7
7	三商美邦人壽	4.4	18	合作金庫人壽	0.6
8	中華郵政	3.3	19	宏泰人壽	0.6
9	全球人壽	3.1	20	第一金人壽	0.6
10	安聯人壽	2.9	21	英商友邦人壽	0.4
11	遠雄人壽	2.4	22	國際康健人壽	0.4

註：1. 統計時間為2021年；2. 數值採四捨五入計算，排名則以無限小數排序　資料來源：保險業公開資訊觀測站

未公開，無法比較各壽險公司的優劣。但沒關係，我們可改以各壽險公司的股東權益報酬率（ROE）來判斷。

　若以整體的稅後淨利計算ROE，則富邦人壽2021年的ROE高達18.87%，位居第1，第2名到第5名依序為遠雄人壽、中國人壽、國

泰人壽、台灣人壽。這 5 家壽險公司 2021 年 ROE 皆大於 15%，符合國際優質壽險公司的獲利標準（詳見表 2）。

繼續率》衡量客戶滿意度的指標

一家市占率高的壽險公司，可能因為客戶滿意度不佳，轉而向其他壽險公司投保；一家市占率低的壽險公司，也有機會透過高客戶滿意度而讓公司規模逐漸成長。而衡量客戶滿意度的指標，以壽險公司來說就是「繼續率」。

繼續率為保戶繼續繳納保險費的比率，類似其他商品到期續約率的概念。保險業務員推薦的保險商品，若顧客滿意，符合客戶的需求，客戶才會繼續繳納保險費。因此，可以將繼續率視為客戶滿意度的指標。

根據壽險期繳的特徵，繼續率又可分為 4 個月繼續率、7 個月繼續率、13 個月繼續率、25 個月繼續率、37 個月繼續率等，其中又以 13 個月繼續率和 25 個月繼續率較為重要：13 個月繼續率代表 1 年過後，保戶持續繳納保險費的比率；25 個月繼續率代表 2 年過後，保戶持續繳納保險費的比率。

表2 富邦人壽ROE高達18.87%，排名第1

——壽險公司ROE排名

名次	公司名稱	ROE (%)	名次	公司名稱	ROE (%)
1	富邦人壽	18.87	12	台新人壽	8.26
2	遠雄人壽	16.61	13	安聯人壽	8.12
3	中國人壽	16.00	14	法商法國巴黎人壽	8.02
4	國泰人壽	15.50	15	新光人壽	7.39
5	台灣人壽	15.35	16	元大人壽	7.03
6	第一金人壽	13.85	17	保誠人壽	6.86
7	國際康健人壽	12.96	18	三商美邦人壽	2.61
8	英屬百慕達商友邦人壽	12.89	19	臺銀人壽	-1.10
9	全球人壽	11.88	20	中華郵政	-8.67
10	南山人壽	11.72	21	英屬百慕達商安達人壽	-44.70
11	合作金庫人壽	10.43	—	—	—

註：1. 統計時間為 2021 年；2. 數值採四捨五入計算，排名則以無限小數排序　　資料來源：保險業公開資訊觀測站

繼續率很低，代表客戶持續流失，壽險公司未來的市占率就會下滑；繼續率很高，代表壽險公司的客戶繼續留在公司，如果再持續開發新客戶，未來的市占率將會提升。

也就是說，可將繼續率視為未來市占率成長或衰退的指標。從表 3 來

看，以壽險為主體的金控，包括國泰金（2882）旗下的國泰人壽、富邦金（2881）旗下的富邦人壽、新光金（2888）旗下的新光人壽、開發金（2883）旗下的中國人壽，繼續率皆位於前段班，還算不錯。

理賠訴訟率》避開理賠訴訟率高的公司

理賠訴訟率的計算方式，是理賠訴訟的件數除以申請理賠的件數，是用來判斷壽險公司申請理賠的保戶當中，有多少的比率去進行訴訟。走到訴訟程序，代表保險公司不願意支付保險金。

理賠訴訟率愈高，代表：1. 保險公司不願意多花錢，不想額外付出一些成本，對於有爭議的案子，延遲不付款，不願意支付保險金，逼迫保戶去進行法律上的救濟程序；2. 壽險公司業務員的教育訓練不足，當初承保時沒有溝通清楚，或是保險業務員沒有充分了解客戶。不論是哪一個原因，對保險公司的形象都有影響。

從另一個角度切入，民眾在選擇壽險公司時，應盡量避開理賠訴訟率高的公司，也就是說，理賠訴訟率是愈低愈好。而從表 4 來看，理賠訴訟率最低的有台新人壽和康健人壽 2 家壽險公司。

表3 保誠人壽13個月繼續率高達99%，排名第1

——壽險公司繼續率排名

名次	公司名稱	13個月繼續率	25個月繼續率	名次	公司名稱	13個月繼續率	25個月繼續率
1	保誠人壽	99.0	96.3	12	元大人壽	97.1	96.8
2	合作金庫人壽	98.6	96.6	13	三商美邦人壽	97.0	92.4
3	法商法國巴黎人壽	98.5	95.5	14	康健人壽	97.0	89.5
4	新光人壽	98.4	97.6	15	遠雄人壽	97.0	91.1
5	中國人壽	98.4	97.7	16	中華郵政	96.4	93.3
6	國泰人壽	98.4	96.3	17	第一金人壽	95.9	95.2
7	全球人壽	98.2	95.3	18	台新人壽	95.3	91.6
8	臺銀人壽	98.1	98.2	19	安聯人壽	94.0	88.6
9	富邦人壽	97.7	96.1	20	英商安達人壽	93.9	85.5
10	南山人壽	97.5	96.6	21	英商友邦人壽	93.2	86.8
11	台灣人壽	97.4	97.4	—	—	—	—

註：1. 統計時間為2021年；2. 單位為%；3. 依13個月繼續率由高至低排序　資料來源：保險業公開資訊觀測站

精算價值》衡量公司股價是便宜或昂貴

壽險公司的價值，可以透過精算得知，相關資訊會在法說會揭露。

要衡量一家壽險公司的股價是便宜或昂貴，可以將股價與每股隱含價值或每股精算價值做比較。

1.每股隱含價值

隱含價值（Embedded Value，EV）又稱為內含價值，代表壽險公司的「清算價值」，意指保險公司結束營業，把資產變賣清償負債，當下的價值為何。衡量保險公司的價值，可以觀察隱含價值的變動趨勢，是上升？還是下降？將隱含價值除以股數，即可算出每股隱含價值。其計算方式如下：

隱含價值＝調整後淨值＋有效業務價值
調整後淨值＝帳面淨值＋調整金額
有效業務價值＝調整前有效業務價值－資本成本
每股隱含價值＝隱含價值 ÷ 股數

2.每股精算價值

計算精算價值（Appraisal Value，AV）之前，必須先算出「隱含價值」和「新業務價值（Value Of New Business，VOB）」。新業務價值指新保單帶來的潛在利潤。如果不是躉繳保單，保戶在未來的每年會持續繳費，只要保戶不中途解約，壽險公司在未來可以持續賺錢。將隱含價值加上新業務價值，可以得出「精算價值」。將精算價值除以股數，即可算出每股精算價值。若寫成計算式的話會像是以下這樣：

表4 台新人壽和康健人壽理賠訴訟率皆為0%

——壽險公司理賠訴訟率排名

名次	公司名稱	理賠訴訟率（%）	名次	公司名稱	理賠訴訟率（%）
1	台新人壽	0.00000	12	遠雄人壽	0.00534
2	康健人壽	0.00000	13	臺銀人壽	0.00565
3	南山人壽	0.00037	14	安聯人壽	0.00711
4	三商美邦人壽	0.00046	15	英屬友邦人壽	0.00804
5	全球人壽	0.00064	16	宏泰人壽	0.01065
6	中國人壽	0.00078	17	元大人壽	0.01141
7	富邦人壽	0.00082	18	法商法國巴黎人壽	0.01413
8	台灣人壽	0.00088	19	中華郵政	0.02673
9	國泰人壽	0.00133	20	第一金人壽	0.05742
10	保誠人壽	0.00146	21	合作金庫人壽	0.06638
11	新光人壽	0.00243	22	英屬安達人壽保險	0.15974

註：1.統計時間為 2021 年；2.理賠訴訟率＝理賠訴訟件數 ÷ 申請理賠件數 ×100%
資料來源：保險業公開資訊觀測站

精算價值＝隱含價值＋未來新業務價值
每股精算價值＝精算價值 ÷ 股數

然而，要注意的是，隱含價值或精算價值代表壽險公司的合理價值，但是僅供參考，與市價會有一段差距。例如 2020 年與 2021 年全球處

於低利率環境，市場擔心壽險公司發生利差損，不敢用高價買進壽險股，導致壽險公司的股價長期低於隱含價值或精算價值。此外，壽險公司要提列各項特別盈餘公積，盈餘分配受限制，現金股利金額不高，是另一個股價低於隱含價值的原因。

　總結來說，國泰金旗下的國泰人壽與富邦金旗下的富邦人壽市占率位於前 2 名，能夠發揮規模經濟的效果，股東權益報酬率有達到國際優質壽險公司 15% 的要求；繼續率與理賠訴訟率也是位於前段班，經營能力佳。從長期投資的角度來看，國泰金與富邦金適合長期投資。

4-3 觀察3面向 解讀壽險業經營現況

看完壽險公司的衡量指標後,接著,我們可以來看壽險公司目前的經營現況,主要可以分成 3 面向進行討論:

面向1》低利率環境導致經營困難

壽險公司財報的編製依據是「國際財務報導準則(IFRS)」,而 IFRS 的精神,一言以蔽之,就是「公允價值評價」。什麼是公允價值?根據 IFRS 第 13 號「公允價值衡量」之規定,公允價值的定義是「於衡量日,市場參與者間在有秩序之交易中,出售資產所能收取或移轉負債所需支付之價格。」

從 4-1 可以知道,壽險公司資產負債表中的資產面,比重最高的就是投資,投資的標的可以是金融商品,也可以是不動產。在「公允價值」

的精神下，金融商品不論是否公開發行，IFRS 第 9 號「金融工具」都要求要以「公允價值」揭露。而不動產廠房及設備，除了可以採用歷史成本評價外，IFRS 也鼓勵公司進行資產重估增值，以公允價值表達不動產廠房及設備。

然而，現在不只是資產要以公允價值評價，在 IFRS 第 17 號「保險合約」的要求下，於 2025 年開始，連負債都要以公允價值評價。壽險公司的負債，為未來要支付受益人的保險金，以折現率換算成現在價值的金額。

由於壽險公司過去發行的保單，給予投資人較高的「預定利率」（註1），若以現在市場上較低的折現率折現，計算出來負債的金額會比較大。

也就是説，採用新的會計準則 IFRS 17 之後，保險公司會多出一塊負債，但因為保險公司資產的價值不變，所以多出來的負債會造成保險公司的淨值減少。而壽險公司之所以會陷入這種困境，主要是因為利率大

註 1：1990 年以前，台灣利率高的時候，壽險公司給予投資人的預定利率高達 8%。

幅下降所致。

　過去台灣的利率大概都有 3% ～ 5% 左右，在 2008 年發生金融海嘯以後，世界各國開始降息，導致現在市場上的利率過低，保險公司過去所承諾的保單必須給付保戶較高的利率，而資產端又找不到報酬率更高的金融商品，進而導致「利差損」的窘境。

　原本期待美國聯準會（Fed）升息可以提高資產的投資報酬率，無奈 2020 年受到新冠肺炎疫情影響，全世界的利率都接近 0 的水準，導致保險業經營困難。所幸美國聯準會從 2022 年 3 月開始升息，台灣的央行也跟進，「利差損」的情況將漸漸改善。也就是說，「升息」對壽險公司長期的經營是有利的。

面向2》外商退出市場

　近年來有許多國外的壽險公司退出台灣市場，主要是因為獲利不如預期。經營虧損的原因，在於不了解台灣的保險市場。

　外商壽險公司擅長用專業的精算，設計出具有多重保障的保單，希望

能搶占台灣的保險市場。然而，亞洲的儲蓄率高於歐美，若發生意外事故，多數有錢人有能力維持正常的生活，不太需要保障型的保險商品。而真正需要購買保障型保險商品的窮人，卻沒有能力支付保險費。

兩相權衡之下，「有錢卻不需要該項商品」會比「需要該項商品卻沒錢買」好，因此外商壽險公司選擇對有錢人下手，對他們銷售具多重保障的保單。

原則上，有錢人不需要保障型的保險商品，但是台灣存在「遺產與贈與稅」制度，有錢的要保人，只需要買進「他益型」的保單（指以他人為受益人的保單），當要保人死亡後，受益人領到的保險金，完全不需要繳納任何的稅負。

過去台灣的有錢人，常利用購買他益型保單的方式，規避遺產與贈與稅。為了防堵制度缺口，台灣自 2006 年 1 月 1 日開始施行《所得基本稅額條例》，自此之後購買的保單，在 3,000 萬元（現已依物價指數調整成 3,330 萬元）以下，也是免稅，但若是保險金超過該金額，就要被課稅。由於文化不同，台灣人購買保險的理由，主要是以節稅為目的，或者是以儲蓄為目的（詳見補充知識），而不是在取得保障，故外商壽

補充知識　如何挑選保單？

一般人討厭不確定性，常認為「千鳥在林，不如一鳥在手」，凡事講求入袋為安。但就購買保險商品而言，也要抱持相同的態度嗎？若是現在有2張保單，1張是10年後可以領錢，1張是1年後就可以領錢，年輕人應該買哪一張保單呢？

保險的概念是集合眾人之力，一同分攤損失的概念。除此之外，還帶有儲蓄的概念。因此，年輕人應該是在年輕力壯，有工作能力時，量入為出，將剩餘資金拿來繳保險費。等到年邁退休時，沒有賺錢能力但有資金需求，此時開始請領保險金，才是保險的正確使用方式。也就是說，年輕人要選擇的，應該是10年後才可以領錢的保單。

然而多數國人，喜歡繳費後馬上領到錢，誤以為這是保險公司大方的表現。其實羊毛出在羊身上，一繳費馬上領錢，能領到的金額一定比較少。從另一個角度來看，在不需要資金的時候，領到一筆保險金，由於資金有剩餘，只好把這筆資金再次購買保險，再被保險公司賺一次佣金，這意味著，這筆資金，未做最有效率的規畫。

當然，大家也無須自責，之所以會發生這樣的情況，「人性厭惡不確定性的心理因素」是主要原因。要想克服這種情況，只需要權衡利弊得失就能想清楚。希望讀者看完這裡的說明後，之後都能買到正確的保單。

險公司的多重保障保單，在台灣並沒有優勢。

　　另一方面，不同壽險公司的保單，從外觀上很難判斷哪張比較好。台灣人挑選保單的標準，除了評估保單內容以外，也會在意壽險業務員的服務，有時要保人購買保險，是因為認識業務員，就是所謂的人情保單。

國內壽險公司逢年過節會送禮，業務員和要保人會密切聯繫，維護關係。

由於風俗習慣不同，購買保單的目的也不同，外商壽險公司沒有因地制宜，還是用原本靠專業的方式銷售保單，導致經營不善，陸續退出台灣市場。而外商壽險公司在台灣的分行，則多由台灣在地企業接手（詳見表1）。

面向3》保險仲介盛行

壽險公司規畫保險商品，由壽險公司自己的業務員負責銷售，是一種經營方式。然而，每家壽險公司的商品都有些微差異，例如有些商品，A壽險公司規畫得比較好，另外有些商品，則是B壽險公司規畫得比較好。

但對於一般人來說，要弄懂這些商品之間的差異很花時間，於是，應運而生的，就是「保險經紀人（簡稱「保經」）」的角色崛起。依據《保險法》第9條的定義：「保險經紀人，指基於被保險人之利益，洽訂保險契約或提供相關服務，而收取佣金或報酬之人。」

也就是說，保險經紀人可以依照客戶的需求，幫客戶分析應該向哪一

表1 外商壽險公司在台分行多由台灣在地企業接手
——外商壽險公司在台分行出售一覽表

宣布時間	外商壽險公司名稱	總部	買方
2008年	ING安泰人壽	荷 蘭	富邦金
2009年	保誠人壽（業務員通路）	英 國	中國人壽
	全球人壽	荷 蘭	美孚集團
2011年	南山人壽	美 國	潤成投資
	大都會人壽	美 國	中信金
2013年	紐約人壽	美 國	元大金
	宏利人壽	加拿大	中信金
2017年	英傑華集團	英 國	第一金
	安聯人壽（傳統保單）	德 國	中國人壽
	蘇黎世人壽	瑞 士	無
2020年	保德信人壽	美 國	台新金
2021年	康健人壽	美 國	安達保險

家保險公司投保最有利。然而，部分保險公司為了讓自家業務員有較好的競爭力，有些商品不一定會與保經合作。

另外，保險公司為了擴大市占率，應運而生的，就是「保險代理人（簡稱「保代」）」。依據《保險法》第8條規定：「保險代理人，指根據代理契約或授權書，向保險人收取費用，並代理經營業務之人。」也就

是說，保險公司可以委託保險代理人，請保險代理人幫忙銷售自家的保險產品。基本上，保經與保代都是保險輔助人的一種，差別在於保險經紀人為消費者代表，保險代理人為保險公司代表。

除了專門的保險經紀人和保險代理人之外，依據法規，銀行亦可兼營保險經紀人或保險代理人。由於銀行看得到客戶的資產狀況，加上近年存款利率偏低，保險商品比定期存款更具吸引力，銀行成為銷售壽險商品最佳的管道。

就壽險通路方面來看，保費收入有 57% 來自於銀行保經保代、34% 來自於傳統壽險公司、9% 來自於傳統保經保代（詳見圖 1）。由於銀行為銷售保險最佳的通路，各大金控都希望旗下同時擁有銀行與壽險，由銀行銷售自家產品，肥水不落外人田。像是元大金（2885）買下紐約人壽，台新金（2887）買下保德信人壽，就是看準銀行為銷售保險商品的最佳通路。

而就實際數據來看，目前壽險業市占率排名前 6 名的公司，除了南山人壽不是金控體系之外，其他皆與金控有千絲萬縷的關係，像是國泰人壽由國泰金（2882）旗下國泰世華銀行協助銷售；富邦人壽由富邦金

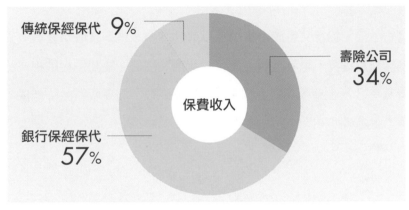

圖1 壽險業保費收入有57%來自於銀行保經保代
──壽險業2021年初年度保費收入來源

傳統保經保代 9%

壽險公司 34%

保費收入

銀行保經保代 57%

資料來源：中華民國人壽保險商業同業公會

（2881）旗下台北富邦銀行協助銷售；新光人壽由新光金（2888）旗下新光銀行協助銷售；中國人壽由開發金（2883）旗下凱基銀行協助銷售；台灣人壽由中信金（2891）旗下中國信託銀行協助銷售。也就是說，金控體系擁有銀行的壽險公司，有利業務推廣，表現會比孤軍奮戰的壽險公司佳。

就壽險險種來說，以投資型保險為大宗，占整體比重的55%。同時擁

有壽險與投信的金控，旗下的投信就可以接受自家公司的委託，幫壽險公司的保戶進行投資，收取費用，賺取收益。

另一方面，銀行又可以銷售自家投信的基金，銀行賺取手續費收入，投信賺取經理費。也就是說，銀行、壽險、投信，彼此是相輔相成的，同時擁有 3 種金融機構的金控，可以發揮綜效，提高收益並降低成本，競爭力強過單打獨鬥的金融機構。

4-4 解析財務報表 了解產險業收益來源

前面 4-1 ～ 4-3 和大家介紹了與人身保險（簡稱壽險）相關的一些資訊，像是財報、衡量指標和目前現況等。以下，將介紹另外一種保險——財產保險（簡稱產險）。

資產負債表》最大負債為保險負債與應付款項

從富邦產險的資產負債表可以看出，左邊資產項目中，金額最大的為「投資」、「再保險合約資產」、「現金」，右邊負債中金額最大的為「保險負債」與「應付款項」，以下分別介紹（詳見表 1）。

1.資產

①**投資**：產險的資產中，投資項目占了一半以上的比率，是產險公司最重要的資產項目。產險公司像壽險公司一樣，期初先向要保人收取保

險費，期間拿這筆資金投資創造收益，當保險事故發生時，保險人再給付現金，操作模式與壽險公司雷同。

②**再保險合約資產**：依據《保險業財務報告編製準則》第9條之規定，再保險合約資產包括向再保險人請求之款項（即「應攤回再保賠款與給付」），以及為避免再保險人違約，所提存之準備。

之所以會有這個會計項目，是因為產險除了期間多為1年以外，「金額龐大」為另一個特徵。例如房子、廠房、藝術品、輪船，金額動輒上億元或數十億元，基於風險分擔的考量，產險公司僅自留部分金額，將其餘金額再保出去，避免保險事故發生時，理賠金額過大而周轉不靈。

而保險公司將承保的財產轉向其他保險公司再投保保險這個行為，就被稱為「再保險」。

在實務操作上，甲企業向乙產險公司投保廠房的火災保險，由於金額過大，乙產險公司轉向丙產險公司再保險。對於甲企業而言，契約雙方當事人為甲企業與乙產險公司，和丙產險公司無關。當火災發生時，乙產險公司不能以丙產險公司拒絕賠償為由，不給付甲企業保險金。亦即

表1 富邦產險「投資」占資產比重達55%

——富邦產險資產負債表

項目	金額（億元）	百分比（%）	項目	金額（億元）	百分比（%）
現金	167.28	13	應付款項	156.15	12
應收款項	56.57	4	保險負債	647.26	49
投資	**719.63**	**55**	其他負債	58.04	4
再保險合約資產	261.20	20	**負債合計**	861.45	65
不動產及設備	63.66	5	**權益合計**	454.34	35
其他資產	47.44	4			
資產合計	**1,315.79**	100	**負債及權益合計**	**1,315.79**	100

註：1. 資料日期為 2021.12.31；2. 數值採百萬元以下四捨五入，計算百分比時會略有誤差
資料來源：公開資訊觀測站

乙產險公司必須承擔丙產險公司的信用風險。

③**現金**：保險合約依據合約期間長短，分為「短期保險（保險期間未逾 1 年期）」與「長期保險（保險期間超過 1 年期以上）」。

一般來說，壽險是以人的壽命為保險標的，期間在 1 年以上，通常為長期保險；而產險是以財產為保險標的，通常 1 年 1 約，到期再決定是否續保，為短期合約。由於財產保險多是短期合約，短期內需要支付保

險金的機率比較高,故產險公司帳上會比壽險公司擁有更高比率的現金。

2.負債

①**保險負債**:負債部分,保險負債金額為一估計數,指未來預計理賠的金額。前面 4-1 有提到,若發生天災人禍,壽險公司的理賠金可能大幅增加,連帶使得壽險公司的負債大幅增加。但其實在此情況下,產險負債增加的情形會比壽險嚴重。

舉例來說,過去房屋因為地震倒塌的機率很低,很多產險公司會把地震險當作贈品用送的,可惜人算不如天算,921 大地震發生後,產險公司的理賠支出比預期大上許多。2022 年台灣因新冠肺炎確診人數高於預期,防疫保單也讓產險公司的保險負債大幅上升。

②**應付款項**:應付款項包括應付票據、應付保險賠款與給付、應付再保賠款與給付、應付佣金、應付再保往來款項及其他應付款等。

看完了產險公司的資產負債表,讀者應該可以清楚知道,產險公司的業務主要在承保,期初先向保戶收取保險費,但於保險事故發生時才需要支付保險金,由於存在時間差,產險公司可以利用這筆「浮存金

（float）」進行投資，並運用再保險分散風險。

　　雖然金融業的負債比率都偏高，但銀行與壽險是拿客戶的資金來經營公司，負債比率通常會高於 90%。而證券業與產險業資本結構與一般企業比較接近，槓桿比率沒有銀行與壽險高，自有資金比率較高。以富邦產險 2021 年年底的財報為例，權益占資產的比率為 35%，遠遠比台北富邦銀行和富邦人壽高。

綜合損益表》營收來源為保費收入與投資收益

　　富邦產險 2021 年 1 月到 12 月的綜合損益表（詳見表 2），因為包括再保險業務，所以變得比較複雜。若不經營再保險業務，可以簡化如表 3。

　　產險公司的營收來源有 2 部分：一部分是「保費收入」、一部分是「投資收益」，兩者相加，就是每月公告的營收金額。營業成本包含 2 部分：一部分是「保險金賠償金額」、一部分是「給保險業務員的佣金」。

　　營業費用包括「銷售費用」與「管理費用」，將營業收入減掉營業成

表2 富邦產險保費收入逾588億元
——富邦產險綜合損益表

	項目	金額（億元）	百分比（%）
	簽單保費收入	544.06	108
+	再保費收入	44.62	9
=	**保費收入**	**588.68**	**117**
−	再保費支出	167.08	33
−	未滿期保費準備淨變動	14.72	3
=	**自留滿期保費收入**	406.88	81
+	再保佣金收入	29.15	6
+	淨投資收益	67.35	13
+	其他營業收入	1.20	0
=	**營業收入**	504.58	100
	保險賠款與給付	266.94	53
	−攤回再保險賠款與給付	58.13	12
	＝自留保險賠款與給付	208.81	41
	＋準備淨變動	28.31	6
	＋佣金費用	78.80	16
	＋其他營業成本	3.18	1
−	**＝營業成本**	319.10	63
	業務費用	92.83	18
	＋管理費用	8.75	2
−	**＝營業費用**	101.58	20
=	**營業淨利**	83.91	17
+	業外（損）益	−5.00	−1
=	**稅前淨利**	78.91	16
−	所得稅費用	6.89	1
=	**稅後淨利**	72.02	14
+	其他綜合損益	19.50	4
=	**本期綜合損益**	91.53	18

註：1. 統計時間為 2021.01 ～ 2021.12；2. 數值採百萬元以下四捨五入，計算百分比時尾數會略有誤差
資料來源：公開資訊觀測站

表3 富邦產險不含再保險業務保費收入逾436億元
——富邦產險綜合損益表（不含再保險業務）

	項目	金額（億元）	百分比（%）
	保費收入	**436.03**	**87**
＋	淨投資收益	67.35	13
＋	其他營業收入	1.20	0
＝	**營業收入**	504.58	100
	保險賠款與給付	208.81	41
	＋準備淨變動	28.31	6
	＋佣金費用	78.80	16
	＋其他營業成本	3.18	1
－	**＝營業成本**	319.10	63
－	營業費用	101.58	20
＝	**營業淨利**	83.91	17
＋	業外（損）益	-5.00	-1
＝	**稅前淨利**	78.91	16
－	所得稅費用	6.89	1
＝	**稅後淨利**	72.02	14
＋	其他綜合損益	19.50	4
＝	**本期綜合損益**	91.53	18

註：1.統計時間為2021.01～2021.12；2.數值採百萬元以下四捨五入，計算百分比時尾數會略有誤差
資料來源：公開資訊觀測站

本和營業費用後,即可算出營業淨利。後面計算方式與一般的企業相同。

　　由於富邦產險會向其他產險公司再保險,必須支付其他產險公司保險費,富邦產險也可以承保其他產險公司分出的再保險,可以取得佣金收入並承擔風險,因此綜合損益表將變成表 2 的樣貌。雖然複雜許多,但精神不變。也就是說,產險公司的利潤,包含承保利潤、準備金的投資收益、自有資金的投資收益。

4-5 留意2項衡量指標 檢視產險公司營運績效

產險屬於短期保險，經營模式比較簡單，不像壽險這麼複雜。其績效衡量指標主要有 2 項，分別是市占率和獲利率，分述如下：

市占率》比率愈高，獲利能力愈強

由於金融機構賣的是服務，並不是有形的金融商品，具有規模經濟的效果，通常規模比較大的公司，獲利的能力比強。也由於存在大者恆大的現象，保戶會選擇規模大的產險公司投保，營收多的保險公司，成長率也比較高。

因此，在挑選產險公司作為存股標的時，應該要選擇市占率高的。而 2021 年，市占率超過 10% 的產險公司共有 3 家，依序為富邦、國泰世紀與新光（詳見表 1）。

獲利率》須同步評估3項指標

　　市占率僅看得出營收狀況，但產險公司是否真有獲利？是否值得投資？則需要分析獲利的情況。

　　由於產險公司的獲利主要來自「承保利潤（詳見補充知識）」和「投資收益」，故我們可以用相對應的衡量指標──「自留綜合率」、「投資報酬率」和「股東權益報酬率（ROE）」的表現來判斷。分述如下：

指標1》自留綜合率

　　自留綜合率為自留費用率加上自留滿期損失率，是用來判斷該產險公司，在其自留保費中，有多少比率是花在經營所需費用。公式如下：

$$自留綜合率＝自留費用率＋自留滿期損失率$$

　　一般來說，自留綜合率愈低，則承保利潤率愈高。當自留綜合率大於100%，代表產險公司的承保業務虧損經營。

指標2》投資報酬率

　　產險公司另一個獲利來源是投資收益。投資報酬率反映一家產險公司

表1 富邦、國泰世紀與新光市占率超過10%
——產險公司市占率排名

名次	公司名稱	自留保費（億元）	市占率（%）
1	富邦	383.31	24.53
2	國泰世紀	204.66	13.10
3	新光	175.58	11.24
4	新安東京海上	121.52	7.78
5	明台	97.95	6.27
6	和泰	91.42	5.85
7	旺旺友聯	79.95	5.12
8	華南	78.94	5.05
9	臺灣	70.35	4.50
10	泰安	63.01	4.03
11	第一	60.74	3.89
12	兆豐	48.78	3.12
13	南山	39.31	2.52
14	美商安達	26.51	1.70
15	中國信託	14.47	0.93
16	新加坡商美國國際	3.86	0.25
17	比利時商裕利安宜	0.92	0.06
18	法商科法斯	0.83	0.05
19	法商法國巴黎	0.41	0.03

註：1. 統計時間為 2021 年；2. 數值採百萬元以下四捨五入，計算百分比時尾數會略有誤差
資料來源：保險業公開資訊觀測站

在《保險法》與主管機關核准的投資項目與條件之下的獲利能力和投資組合的品質。投資報酬率愈高，代表產險公司資金運用能力愈強。

指標3》股東權益報酬率

同時考量承保利潤與投資收益，就是產險公司的獲利。將稅後淨利除以股東權益，可以得出股東權益報酬率。股東權益報酬率愈大，代表獲利能力愈強。

補充知識　承保利潤

將承保收入扣除賠款金額與行政費用後，可以算出承保利潤。其公式如下：

$$承保利潤＝承保收入－（賠款金額＋行政費用）$$

前述的承保利潤是絕對金額，為了消除產險公司彼此之間規模的差異，可將各項除以承保收入，算出「承保利潤率」，並可藉此看出，承保利潤率與損失率、費用率的關係。其公式如下：

$$\frac{承保利潤}{承保收入} = \frac{承保收入}{承保收入} - \left(\frac{賠款金額}{承保收入} + \frac{行政費用}{承保收入} \right)$$

$$承保利潤率 = 1 - （自留滿期損失率＋自留費用率）$$
$$= 1 - 自留綜合率$$

表2 法商科法斯ROE超過21%，排名第1
—— 產險公司ROE、自留綜合率和投資報酬率排名

公司名稱	名次	ROE（%）	名次	自留綜合率（%）	名次	投資報酬率（%）
法商科法斯	1	21.33	1	26.39	19	N/A
泰安	2	16.68	10	92.30	1	5.83
富邦	3	16.16	11	92.71	2	4.66
新光	4	15.83	5	88.95	10	2.91
國泰世紀	5	15.78	9	92.21	11	2.90
和泰	6	14.47	14	95.22	3	4.48
華南	7	13.95	12	92.74	8	2.98
美商安達	8	13.84	4	82.83	16	0.28
新安東京海上	9	12.05	6	90.07	13	2.10
旺旺友聯	10	11.34	15	95.49	5	3.16
明台	11	10.66	16	96.58	7	3.08
南山	12	8.56	7	90.95	14	1.62
第一	13	7.88	13	92.87	6	3.13
兆豐	14	6.69	8	91.53	12	2.61
新加坡商美國國際	15	5.47	3	76.08	17	0.20
臺灣	16	3.78	17	98.29	9	2.96
比利時商裕利安宜	17	1.38	2	65.27	18	0.10
中國信託	18	−1.65	18	107.57	4	3.34
法商法國巴黎	19	−19.46	19	179.79	15	0.55

註：1. 統計時間為 2021 年；2. 依 ROE 由高至低排序；3. N/A 表示保險業公開資訊觀測站未提供資料
資料來源：保險業公開資訊觀測站

　　若將各產險公司的獲利情況整理成表格，可發現富邦金（2881）旗下的富邦產險、國泰金（2882）旗下的國泰世紀產險及新光產險（股票名稱：新產，股號：2850），因市占率較高，可以發揮規模經濟效果，使其股東權益報酬率表現較佳（詳見表2）。

2項關鍵因素
導致產險規模發展停滯

看完產險公司的衡量指標以後,接著我們來看產險公司目前的經營現況。1960 年代,台灣的產險與壽險可說是同時起步。然而隨著時間的發展,兩者逐漸出現差異,壽險規模擴張的速度要比產險還快上許多。到 2000 年時,壽險和產險的規模大概是 4:1。至 2021 年,壽險業的營收規模更是產險業的 22 倍以上。若是將國內所有產險公司的營收相加起來,還不及一家國泰人壽的營收。

為什麼產險的規模始終發展不起來呢?主要有下列 2 項因素:

因素1》業內過度競爭

目前台灣的產險公司(含外商分公司)共有 19 家,由於產險公司家數過多,市場集中度低,導致業內過度競爭。加上每家產險公司的資本

過小，無法承擔較大的風險，每當遇到保險金額高的標的，就必須透過再保險的方式，將風險移轉出去。由於自留額太低，肥水落入外人田，導致產險規模一直無法成長。

　　且對於產險的保戶而言，只在意出險時是否可以領到保險金，故會選擇財務體質良好，或知名度高的產險公司。由於產險保單缺乏差異化，其他小家的產險公司，只能削價競爭，以致獲利難以成長。

因素2》獲利被中間人吃掉

　　目前占產險營收最大宗的為「汽車保險」和「火災保險」，但成長幅度有限。

　　就汽車保險而言，通常在購買新車時投保。消費者僅在意新車的功能，以及貸款的利率，至於是哪一家產險公司承保，不是消費者關心的議題。故汽車保險業務有一半掌握在各大車商保險輔助人手中，由保險輔助人決定由哪家產險公司承保。

　　就火災保險而言，又可分為住宅火險和商業火險。住宅火險通常在申

請房貸時投保，由銀行決定承保公司；鉅額商業火險或工程險業務則掌握在專業技術較高，或是再保出路較廣的國際性大型保險經紀人手上。由於這些中間人和要保人的親密度較高，產險公司不得不給付中間人高額的佣金來爭取業務。明明承擔風險的是產險公司，但利潤卻遠低於中間人。

另一方面，金控體系擁有銀行的產險公司，比較容易承接住宅火險的業務，例如富邦產險與國泰產險，市占率分別位於前 2 名。沒有金控奧援的產險公司，只能孤軍奮戰，經營得很辛苦。

第5章

個股總覽

金控股1》華南金、富邦金等 7檔個股介紹

　　經過前面 4 章的介紹，相信大家對於金控、銀行、證券和保險等行業都有一定的了解，以下我們就來看，台灣目前上市櫃的金融股有哪些。先來看金控類金融股的相關介紹。

　　目前台灣金控類金融股共有 15 檔，由於各金控的資訊較多，我會拆分成 2 節，首先，我們先來看華南金（2880）、富邦金（2881）、國泰金（2882）、開發金（2883）、玉山金（2884）、元大金（2885）、兆豐金（2886）等 7 檔個股的介紹：

華南金》台灣第1家金融控股公司

　　華南金是由華南銀行慢慢演變而來。1919 年日治時期，台北板橋林家成員林熊徵設立華南銀行。1945 年，日本投降，國民政府接收台灣，

將華南銀行的主要股份收歸國有，交由台灣省政府管理，而板橋林家的股份只剩 2 成，華南銀行成為省屬三商銀之一（註 1）。之後公營事業民營化氛圍興起，華南銀行也在 1998 年將官股釋出，完成民營化。

2001 年，「華南銀行」與「永昌證券」以股權轉換方式成立華南金控，為台灣第 1 家金融控股公司。

截至目前為主，華南金旗下包含「華南銀行」、「華南永昌證券」、「華南永昌投信」、「華南金創投」、「華南金資產管理」、「華南產物保險」等金融機構，其中銀行獲利（以企業金融為主）占比在 8 成左右。

富邦金》用購併擴大事業版圖，成為金控股王

富邦集團的前身為國泰產物保險公司（1992 年更名為富邦產物保險），創辦人蔡萬才是霖園集團創辦人蔡萬霖的弟弟。1979 年蔡氏兄弟分家後，蔡萬才另創立富邦集團。

註 1：省屬三商銀是指台灣歷史上最悠久的 3 家商業銀行，分別是第一銀行、華南銀行和彰化銀行。

　　富邦集團旗下有 2 大事業體：富邦金和台灣大（3045），在產金分離的概念下，由蔡萬才的 2 個兒子蔡明興與蔡明忠分別接管。

　　2001 年，富邦集團整合旗下「富邦產險」、「富邦證券」、「富邦銀行」、「富邦人壽」，成立富邦金。

　　富邦金成立之後，不斷透過購併來擴大事業版圖，而其購併的方向，是以「銀行」和「保險」為主。

　　銀行部分，2002 年，富邦金將台北市政府的台北銀行納為子公司；2004 年，富邦集團收購香港港基國際銀行 75% 之股權，並將之納入成為富邦金旗下子公司；2005 年，富邦金將旗下富邦銀行與台北銀行合併為「台北富邦銀行」，並將香港港基國際銀行更名為「富邦銀行（香港）」；2008 年，富邦金取得廈門銀行近 20% 的股權；2011 年，富邦銀行（香港）成為富邦金控 100% 持股的子公司；2014 年，富邦金收購華一銀行 80% 的股權；2016 年，富邦金取得富邦華一銀行剩餘 20% 股權之受讓資格，華一銀行成為富邦金控 100% 持股的子公司。

　　保險部分，2008 年，富邦金買下「ING 安泰人壽」；2009 年，富

邦金將 ING 安泰人壽與富邦人壽合併為「富邦人壽」；2018 年，富邦金對韓商現代汽車旗下的現代人壽持股比率增至 62%，正式取得控制權，並將之更名為「富邦現代人壽」。

　　除了購併銀行和保險之外，富邦金也將手伸向台灣現有的金控公司──日盛金（5820，即將併入富邦金）。2021 年，富邦金成功收購日盛金 5 成以上的股權，完成台灣首例的金控合併。

　　富邦身為老二（老大是國泰），就像孤臣孽子，操心也危，慮患也深，透過不斷購併，尋求「外部成長」，最後成功翻轉劣勢，躍升為金控股王。截至目前為止，富邦金旗下擁有「台北富邦銀行」、「富邦華一銀行」、「富邦資產管理」、「富邦證券」、「富邦投信」、「富邦金創投」、「富邦人壽」、「富邦產險」、「富邦行銷」等金融機構，為銀行、證券、壽險、產險最平均發展的金控。

國泰金》全台灣最大的壽險公司

　　霖園集團創辦人之一的蔡萬霖，曾為全台首富，其弟蔡萬才為富邦集團創辦人。霖園集團擁有國泰金與國泰建設（股票名稱：國建，股票代號：

2501）等企業，現由蔡萬霖次子蔡宏圖接班，擔任國泰金的董事長。

國泰金成立於 2001 年，旗下擁有「國泰世華銀行」、「國泰綜合證券」、「國泰人壽」、「國泰產險」、「國泰投信」、「國泰創投」等機構，金融業務種類齊全，是一家以「壽險」為主體的金控。

壽險部分是以國泰人壽為主。國泰人壽成立於 1962 年，目前客戶數超過 800 萬人，有效契約件數超過 2,000 萬件，為全台灣最大的壽險公司，約莫每 3 個人就有 1 個人是國泰人壽的客戶，每個客戶擁有 2.5 張以上的保單。

相較於外資壽險公司以專業銷售保單，國泰人壽順應國內風土民情，以「關心」與「關係」銷售保單。由於業務員沒有底薪，不論是退休人士，想創業的新鮮人，想兼差的上班族，都有機會成為超級銷售員。透過完整及嚴謹的教育訓練，以老鳥帶菜鳥的經營模式，成功開發新客戶，再透過逢年過節或出險時送禮探病，留住客戶的心。國泰人壽賣的不只是保單，更是一份信任與安全感。

相較於第一線的業務員必須平易近人，總行的管理單位必須具備專業

知識。除了設計出符合客戶需求的保單外,收取的保險費也要充分投資運用。國泰人壽過去選擇投資不動產的方式,賺取穩定的租金收益,由於投資策略為「只買不賣」,隨著台灣房價不斷狂飆,國泰人壽的資產價值持續上升。

雖然國泰金是「金融股」,但也有投資人將它分類為「資產股」。近年由於國內利率太低,不動產的租金收益率也低,故壽險公司多將資金投資海外債券。原本國泰掌管壽險,富邦經營產險,兄弟各司其職。但全台所有產險的業務相加,還沒有一家國泰人壽多,業務規模差異導致國泰大富邦小。成立金控後,國泰與富邦都補足各項事業群,但經營風格卻南轅北轍。

富邦金努力向外購併,而國泰金的營運目標只重「守成」,投資策略相當保守,除了 2002 年將世華銀行(詳見補充知識)納入國泰金旗下,並於隔年將之與國泰銀行合併,更名為「國泰世華商業銀行」外,並沒有轟動的購併案。由於國泰金的業績僅靠「內部成長」,雖然穩重,但成長速度較慢。

銀行部分則以國泰世華銀行為主。國泰世華銀行已連續多年拿下北捷

的 ATM 代理權，並成功進駐全聯與便利超商，目前 ATM 市占率排名第2，僅次於擁有統一超商通路的中國信託。

開發金》購併中國人壽，轉為以壽險為主

開發金的全稱為「中華開發金融控股股份有限公司」，旗下包含「中華開發資本」、「凱基證券」、「凱基銀行」、「中國人壽」等機構，缺乏產險體系。

1959 年，在政府推動下，「中華開發信託股份有限公司」成立，目的是用美援扶持特定產業；1999 年，中華開發信託股份有限公司轉型為工業銀行，繼續配合政府政策支持經濟發展；2001 年，中華開發工業銀行以股份轉換方式成立開發金，旗下子公司包含「中華開發工業銀行」、「大華證券」及「菁英證券」。

在國民黨時代，開發金具有政黨金庫色彩。民進黨執政後，當時的董事長因為新瑞都弊案被收押，不能行使職務，2003 年改由常務董事陳

註 2：陳敏薰為當時開發金股東——理隆纖維董事長陳重義的女兒。

補充知識　有「號子銀行」之稱的世華銀行

1975年，世華金融聯誼會結合海外17個國家及地區之華僑領袖，以及臺北市銀行商業同業公會所屬17家會員銀行，各出資50%成立世華銀行。曾任美國運通銀行北亞太地區經理的汪國華，在轉戰世華銀行後，就將美國運通成功的模式複製到世華銀行，衝出第1名的信用卡市占率。

在王建煊擔任財政部部長（1990.06～1992.10）之前，銀行屬於寡占產業，姿態高高在上。世華銀行決定放下身段，進駐證券商設立代收付處，民眾投資股票開戶的手續，銀行戶與證券戶一次搞定，在僅有14家券商的年代中，就有12家券商與世華銀行配合，世華銀行也因此獲得「號子銀行」的稱號。後來股市飆漲，全民瘋股市，世華銀行也因此取得利率接近0的便宜資金。

敏薰（註2）代理董事長一職。

原本與開發金沒有關係的辜家，透過中國人壽、國喬石化、中信證券買進開發金股票。三兄弟（指辜仲諒、辜仲瑩和辜仲立）合作，兄弟同心、其利斷金，2004年，辜仲瑩成功搶下開發金經營權，開發金由官營變成民營。

2012年，開發金買下凱基證券，並於隔年將之與大華證券合併，凱基證券為存續公司；2014年，開發金買下「萬泰商業銀行」；2015年，萬泰商業銀行更名為「凱基商業銀行」，並將中華開發工業銀行的部分

業務讓給凱基銀行；2017 年，中華開發工業銀行更名為「中華開發資本」；2021 年，開發金買下中國人壽 100% 的股權，晉升成為擁有「銀行」、「證券」和「壽險」3 大事業版圖的金控。

原本開發金的主體以證券和壽險為主，購併買下中國人壽 100% 的股權後，壽險淨值的占比過半，成為以壽險為主的金控。

玉山金》手續費占營收比重近4成

玉山金成立於 2002 年，旗下包含「玉山銀行」、「玉山證券」、「玉山創投」等金融機構，但玉山證券和玉山創投的規模非常小，淨值的 9 成以上為「玉山銀行」，是一家以銀行為主體的金控。就其股權分布來看，玉山金不具有官股或財團色彩，外資持股比率近 4 成。

由於玉山金的主要獲利來源是銀行，所以下面我們可以關注一下玉山銀行的發展。玉山銀行由黃永仁於 1992 年成立，是一家沒有財團背景、沒有政府支持，完全由專業經理人經營的商業銀行。

玉山銀行透過策略選擇與制度設計迅速竄起，不但在公司治理層面連

續 6 年獲得證券交易所公告前 5% 企業的殊榮，更連續 2 年榮獲 The Banker「全球 500 大銀行品牌調查」台灣銀行業第 1 名，連續 7 年入選道瓊永續指數（DJSI），品牌價值備受肯定。

在面試員工時，玉山銀行特別重視禮貌，據說外觀也會納入考量，至少要五官端正，不能其貌不揚。員工的平均年齡在 33.5 歲，活力有朝氣，給人煥然一新的感覺。新人經過 1 個月密集的「文化訓」課程後，每個行員都具有客服人員的禮貌素質。

此外，玉山銀行首創「大廳接待員制度」，由戴著白手套的行員站在門口向客人鞠躬問好，引領客戶進入大廳，藉此帶給客戶尊榮感。

在數位金融方面，玉山銀行積極發展電子支付，深獲年輕人喜愛。雖然每家銀行的錢都長得一樣，但玉山銀成功在服務品質上創造差異化，這項不可替代且不可模仿的核心競爭力，逐漸在財務面向上看出成效。

「財富管理」與「信用卡」業務為玉山銀行的強項，手續費占營收比重近 4 成，營收品質佳。近年來，玉山金的獲利能力有目共睹，經營績效持續提升，資產規模大幅成長。

元大金》以證券事業為主體

元大金成立於 2002 年，旗下包含「元大銀行」、「元大證券」、「元大期貨」、「元大投信」、「元大投顧」、「元大證券金融（註 3）」、「元大創投」、「元大人壽」等機構，以證券事業為主體，缺乏產險體系。

而從元大藍底招牌即可看出，元大集團具有國民黨色彩。直至 2009 年，在「黨產歸零」的社會共識下，國民黨才賣出持股，退出元大金的經營。

1961 年，元大證券由海外華僑李伯蘇成立，後因為積欠馬繼良借款無法償還，1974 年以債作股，由馬繼良家族取得元大證券經營權。2000 年，元大證券購併京華證券，更名為「元大京華證券」。2005 年，元大京華證券入主經營復華金控，並將旗下的復華銀行改用「元大」品牌，更名為「元大銀行」。

註 3：證券金融從事的業務為信用交易（融資、融券）、借券交易、轉融通交易（轉融資、轉融券）、有價證券擔保放款。由於證券金融公司的業務與證券商類似，易被取代，目前僅剩「元大」1 家證券金融公司。

2007 年，復華金控更名為元大金控，並將復華綜合證券與元大京華證券合併成「元大證券」。2009 年，元大銀行買下經營不善的慶豐銀行 18 家分行。2011 年，元大金購併寶來證券，原寶來證券旗下證券、期貨、投信也改用「元大」品牌，更名為「元大證券（註 4）」、「元大期貨」、「元大投信」。2014 年，元大金再買下國際紐約人壽 100% 股權，並更名為「元大人壽」，正式跨入壽險領域。

2016 年，將位於菲律賓的子行「東洋儲蓄銀行」更名為「元大儲蓄銀行（菲律賓）」，並買下韓國韓新儲蓄銀行和大眾銀行 100% 股權。2018 年，將大眾銀行與元大銀行合併，元大銀行為存續銀行。目前元大銀行國內分行據點共有 148 間，境外據點包含韓國、香港及菲律賓。

兆豐金》海外資產雄厚，據點眾多

兆豐金旗下包含「兆豐國際商業銀行」、「兆豐票券」、「兆豐資產管理」、「兆豐證券」、「兆豐投信」、「兆豐創投」、「兆豐產險」、

註 4：元大金購併寶來證券後，元大證券一度更名為「元大寶來證券」，2015 年又更名為「元大證券」。

「兆豐期貨」等金融機構，缺乏壽險體系。

兆豐金是以銀行為主體，主要授信項目為企業金融，受惠於過去的歷史背景（曾經為唯一一家特許之國際貿易及匯兌專業銀行），海外資產雄厚，營運據點包括中國、日本、新加坡、馬來西亞、菲律賓、越南、印度、泰國、緬甸、柬埔寨、加拿大、美國、巴拿馬、英國、法國、荷蘭、澳大利亞等，海外據點眾多。

由於兆豐金的主要獲利來源是銀行，所以下面我們可以關注一下兆豐國際商業銀行的發展。從歷史沿革來看，兆豐國際商業銀行是由「中國國際商業銀行」及「交通銀行」合併組成。

1.中國國際商業銀行

中國國際商業銀行的前身為滿清政府成立的「大清戶部銀行」，為中國第 2 家銀行；1906 年，「大清戶部銀行」改名為「大清銀行」；1911 年，辛亥革命爆發，大清銀行倒閉；1912 年，中華民國成立後，在大清銀行基礎上籌建官商合辦股份制「中國銀行」。

1949 年，國民政府播遷來台後，中國銀行的中國分行被中共收歸國

有，海外分行則繼續營運；1971 年，中華民國退出聯合國，為了避免中共以正統的理由強行徵收，遂將中國銀行改為民營企業，並更名為「中國國際商業銀行」。

2.交通銀行

交通銀行於 1908 年成立，專門負責辦理輪船、鐵路、電報、郵政 4 個事業單位的業務。總管理處隨同國民政府播遷台灣，中國分行則被中共收歸國有。

2002 年，「交通銀行」和「國際綜合證券」共同組成「交銀金控」，之後納入「中興票券」、「倍利證券」。同年交銀金控加入「中國國際商業銀行」與「中國產物保險」，並更名為「兆豐金控」。

2006 年，中國產物保險更名為「兆豐產物保險」；交通銀行與中國國際商業銀行合併為「兆豐國際商業銀行」，雖然 2 家銀行已經合併逾 15 年，但內部至今仍壁壘分明。

金控股2》台新金、新光金等8檔個股介紹

5-1 已經和大家介紹了 7 檔金控股，下面，我們接著來看剩下 8 檔金控股的介紹，分別是台新金（2887）、新光金（2888）、國票金（2889）、永豐金（2890）、中信金（2891）、第一金（2892）、日盛金（5820，即將併入富邦金（2881））和合庫金（5880）。

台新金》數位銀行Richart大受好評

台新金旗下包含「台新銀行」、「彰化銀行（有持股，無經營權）」、「台新人壽」、「台新證券」、「台新投顧」、「台新投信」、「台新創投」、「台新資產管理」等機構，沒有產險體系，其獲利來源主要來自於銀行。

1990 年，吳東亮邀摯友及企業界賢達共同發起創設台新銀行。1992 年，台新銀行開始營業，當時主要股東包括新紡（1419）、新纖

（1409）、味全（1201）、味王（1203）、三信商事、東元（1504）
及九如實業。

2002年，「台新銀行」與「大安銀行」以股份轉換方式共同成立台
新金，之後再將「台新票券」及「台証證券」納為子公司；2009年，
為了減緩金融海嘯導致的財務壓力，台新金將台証證券的經紀業務、通
路資產賣給凱基證券；2010年，為了彌補出售後缺少的證券業務，台
新金買下東興證券，並將之更名為台新證券；2021年，台新金購併保
德信人壽（更名為台新人壽）後，旗下事業體包含銀行、證券、壽險，
業務變得更完整。

台新金董事長吳東亮是新光集團創辦人吳火獅之子，排行老三，無法
接手新光人壽，只能另創台新金控。由於吳東亮不被世俗倫理所羈絆，
勇於挑戰權威，大膽嘗試新的領域，故經營績效超越新光金。台新銀行
在台灣經營得非常好，數位銀行Richart更是大受好評。雖然如此，但台
新銀行的股東權益報酬率（ROE）卻輸給中信、玉山、國泰、富邦，而
台新金的股價也是和前段班的金控有一段差距，只能算是中段班的金控。

台新金的表現明明有目共睹，但就是無法表現在財務績效上，原因就

在於台新金的資金卡在彰銀（2801）上。台新金投資彰銀，2家金融機構不但無法合併，台新金甚至還無法取得經營權，使得資金無法做最有效的配置，還必須受到各種法規的限制，影響台新金的獲利表現。然而，隨著2021年金管會宣布有條件放行台新金購併保德信人壽，讓台新金可以發行特別股籌措資金，並以彰銀的股票作為償還特別股股東之標的時，藕斷絲連的彰銀案即將解套。

新光金》獲利來源主要來自於新光人壽

新光金旗下包含「新光人壽」、「新光銀行」、「元富證券」、「新光投信」、「新光金保代」、「新光金創投」等金融機構，其獲利來源主要來自於新光人壽（註1）。

新光人壽由吳火獅於1963年成立。1986年，吳火獅過世後，由其長子吳東進接班；2002年，新光人壽與力世證券（現為「新壽證

註1：「新光產險」因為家族兄弟間經營理念不同，由新光集團創辦人吳火獅二子吳東賢主導，並未納入金控體系成員。「新光證券」由吳火獅四子吳東昇主導，亦不屬於新光金控的成員。

券」）以股權轉換方式共同成立新光金；2004 年，聯信商業銀行併入新光金，並更名為「新光銀行」；2006 年起，新光金開始買進元富證券之股票；2007 年持股比率超過 25%，元富證券成為新光金的子公司；直到 2018 年，新光金才吃下元富證券 100% 的股權。

雖然新光金的事業版圖不斷擴大，但要留意的是公司高層的經營風險。過去公司高層曾出現多次判斷失誤，讓新光金投資損失慘重。而後為了提升經營績效，新光金改聘專業經理人來管理公司，但因經理人和其他高層不合，使得董事會氣氛不夠和諧。由於新光金內控制度有待改進，人治色彩濃厚，導致近期獲利較差。

國票金》與日本樂天集團合資成立純網銀

國票金由「國際票券金融公司」、「協和證券」及「大東證券」於2002 年以股份轉換方式成立。大股東包括「美麗華集團」、「耐斯集團」、「政府公股行庫」及「旺旺集團」。

文人相輕，自古皆然。國票金四大山頭割據，彼此各有盤算，有如多頭馬車，導致過去經營效率較差。不過近期四方共治的局面慢慢改變，

公股行庫陸續減持股份，旺旺集團成為最大股東。為了尋求共識，旺旺集團總裁蔡衍明與好友王令麟商議，決定支持魏啟林出任國票金董事長。

魏啟林曾任台大教授，在國民黨執政的蕭內閣年代擔任過人事行政局長，在民進黨執政初期擔任過行政院祕書長，也擔任過土地銀行董事長，產官學經歷完整。加上魏啟林身段柔軟，居中斡旋功夫一流，四大股東均無異議，金管會也點頭，遂於 2011 年順利出任國票金董事長至今。

國票金旗下包含「國際票券」、「國票證券」、「國票創投」，缺乏壽險與產險體系，也沒有自己的銀行。故國票金於 2020 年與日本樂天集團合資成立一家純網銀「樂天國際商業銀行」，國票金持股 49%，樂天集團持股 51%，已於 2021 年開始營業。

原本國票金是唯一一家沒有銀行的金控，有了樂天純網銀後，國票金希望有實體銀行，故於 2021 年擬購併安泰銀（2849）。由於時任國票金總經理的丁予嘉與安泰銀董事長丁予康為兄弟，國票金大股東耐斯集團擔心合併後自身股權會被稀釋，因而反對。

2022 年 1 月，金管會以「財務健全性」、「資金來源」、「購併綜效」

和「員工安置計畫」4 項理由，不核准此項購併案。若國票金仍欲購併安泰銀，必須將問題改善後再重新送件。

國票金的營業項目以票券為主體，業務雖然和銀行類似，但授信以短天期為主，又不能向社會大眾吸收存款，利差較低。

永豐金》由專業經理人經營，股價開始走揚

永豐金旗下包含「永豐銀行」、「永豐金證券」、「永豐金租賃」、「永豐投信」、「永豐創投」等機構，沒有壽險與產險體系。永豐金的前身為「建華金控」，是由「華信銀行」、「建弘證券」、「金華信銀證券」於 2002 年共同以股份轉換方式成立。

2005 年，建華金控與「台北國際商業銀行」合併，合併後改由台北國際商銀最大股東永豐餘集團主導營運；2006 年，更名為「永豐金」，是一家以銀行為主體的金控。

永豐金過去曾因內控有瑕疵，使得旗下銀行接連爆發多起弊案，董事長也不停換人。除此之外，永豐金的董事會也動作頻頻。2015 年，原

始股東潤泰集團開始逐步出脫持股，淡出董事會。隨後最大股東永豐何家，也因為內控疏失、弊案連連，被迫交出經營權。而永豐金也在何家交出經營權後，逐漸褪去家族企業的色彩，改由專業經理人經營，股價也一改原先的低迷，開始向上攀升。

中信金》海外資產多、利差大，獲利表現亮眼

中信金旗下包含「中國信託商業銀行（以下簡稱中信銀）」、「台灣人壽」、「中信證券」、「中信創投」、「中國信託資產管理」、「中信投信」、「中信產險（為孫公司）」、「中信保全」、「台灣彩券」，金融事業體完整。目前由辜濂松長子辜仲諒主導。

中國信託的前身是「中華證券投資公司」，由彰化鹿港辜家辜振甫於1966 年成立。1971 年，中華證券投資公司改組為信託投資公司，並更名為「中國信託投資公司」；1991 年，財政部開放信託投資公司可以改設為商業銀行；1992 年，中國信託改制並更名為「中國信託商業銀行（簡稱中信銀）」。

2002 年，中信銀以股份轉換方式成立中信金；2003 年，中信銀購

併萬通商業銀行（以下簡稱萬通商銀），不但成為規模最大的民營銀行，還取得「統一便利超商」的通路。原本和台新銀行並駕齊驅的中信銀行，開始一飛沖天。

2011 年，中信金買下美商「大都會國際人壽保險」，並於隔年更名為「中國信託人壽」；2012 年，買下「富鼎證券投資信託」，並於隔年更名為「中國信託證券投資信託」；2014 年，成為日本東京之星銀行單一股東；2015 年，買下「台灣人壽」，並將其與中信人壽合併（中信人壽為消滅公司）；2017 年 7 月，完成泰國 LH Financial Group Public Company Limited（簡稱「LHFG 金融集團」）35.6% 股權交割，創下台資銀行首宗參股泰國金融機構的紀錄。

中信金主要獲利來源是中信銀。原花旗銀行高階主管陳聖德及利明献，前後 2 次帶領花旗銀行人馬進駐中信銀，將外商的經營管理策略導入，使中信銀的競爭力大幅提升，並獲得「小花旗」的稱號。

憑藉花旗銀行在消費金融的成功經驗，中信銀在「財富管理」與「信用卡」業務創下佳績，手續費占營收比重達 4 成，營收品質佳。此外，中信銀海外資產多，利差大，獲利表現亮眼。

第一金》以銀行為主體，缺乏產險體系

第一金旗下包含「第一商業銀行」、「第一金證券」、「第一金投信」、「第一金人壽」、「第一創投」、「第一管顧」、「第一金融資產管理」，是一家以銀行為主體的金控，但缺乏產險體系。

第一銀行創立於 1899 年，當時叫「臺灣貯蓄銀行」；1910 年，與臺灣商工銀行合併，並沿用臺灣商工銀行名稱；1945 年，國民政府接收台灣後，將臺灣商工銀行收歸台灣省政府持有；1949 年，更名為「臺灣第一商業銀行」；1976 年，為加強業務國際化之經營策略，改稱「第一商業銀行（簡稱第一銀行）」。

1998 年，第一銀行由公營體制轉型為民營銀行，但財政部、臺灣銀行、華南銀行等官方持股仍逾 2 成。由於官方持股未達半數，故第一銀行屬於民營銀行，不屬於公營銀行，但因其官方持股占大多數，故稱為「官股銀行（註 2）」。

註 2：第一銀行放款結構：企金（把錢借給企業）占 7 成，消金（把錢借給消費者）占 3 成。

2003 年，第一金以第一銀行為主體，以股份轉換方式所成立；2007年，第一銀行與日本第二大銀行三井住友銀行進行策略聯盟，前進中國市場。除此之外，第一銀行在美國設有分行與子行。東南亞部分，第一銀行在越南、寮國、柬埔寨、泰國、緬甸、菲律賓、新加坡都有據點，由於海外利差較高，導致第一銀行利差較大。

日盛金》富邦金已取得過半股權

日盛金控旗下包含「日盛銀行」、「日盛證券」、「日盛期貨」、「日盛投顧」、「日盛保代」、「日盛產代」、「日盛香港嘉富」，是一家以證券為主體的金控，沒有壽險與產險體系（註3）。

2002 年，「日盛證券」與「日盛國際商業銀行」以股份轉換方式成立日盛金，創辦人為陳國和。陳國和算是白手起家，但妻子蔡淑媛卻大有來頭，為曾經的台灣首富蔡萬春之么女，而他們的女兒則是知名女星關穎。

註 3：日盛保代和日盛產代非保險公司，僅幫忙代理銷售保險公司的保單，嚴格來說，日盛沒有壽險及產險業務。

2006 年，由於日盛銀行經營不善，不良債權累計到近 100 億元，日盛金只好請日商新生銀行注資，新生銀行因此取得 3 成的股權；2009 年，為了強化財務結構，日盛金又以每股 4 元的價格辦理私募。現金增資後，建高控股取得日盛金 24% 的股權，成為第 2 大股東。股權被稀釋後，陳國和退出經營，前往日本發展，日盛金由建高控股接手主導。

2021 年，富邦金公開收購日盛金的股權。由於日盛金大股東新生銀行也願意將股票賣給富邦金，使得富邦金最終取得日盛金過半股權，順利拿下日盛金經營權。

合庫金》官股為主體，財政部持有26%股權

合庫金是一家官股為主的金融機構，旗下包含「合作金庫銀行」、「合作金庫證券」、「合作金庫人壽（註 4）」、「合作金庫票券」、「合作金庫投信」、「合庫資產管理」、「合作金庫創投」，缺乏產險體系。截至 2021 年年底，財政部持有合庫金股票 26.06%，中華郵政、臺灣

註 4：合作金庫人壽是合庫金和法國巴黎保險集團共同出資，合庫金擁有 51% 的股權，法國巴黎保險集團擁有 49% 的股權。

菸酒公司、中華民國農會合計持股 7.66%，董事長由政府指派。

　　合庫金是以合作金庫銀行為主體，其前身為台灣產業組合聯合會，由近 300 家合作社聯合組成（這也是目前合作金庫銀行在全台分行家數最多的原因）。經過多次改制，2001 年才取得銀行資格。

　　2006 年，合作金庫銀行購併同為公營行庫的「中國農民銀行」；2011 年，合作金庫銀行與合作金庫資產管理公司、合作金庫票券金融公司以股份轉換方式成立合庫金。

5-3 **銀行股》分為3類型
共有15檔個股**

　　銀行業依據業務性質不同，可再區分為銀行、票券和租賃。目前台灣上市櫃的銀行類金融股共有 15 檔，其中銀行股有 11 檔、票券股有 1 檔、租賃股有 3 檔，下面我將幫大家一一介紹。

類型1》銀行股

　　銀行股除了要留意存放款利差、手續費占營收比率、逾期放款比率、分行家數和 ATM 數量以外，還需要留意各銀行的歷史背景，分述如下：

①彰銀（2801）

　　彰化商業銀行（簡稱彰銀）創設於 1905 年，前身是「株式會社彰化銀行」，由吳汝祥為首的台灣地方士紳所成立，鹿港望族辜顯榮為監察人。國民政府來台之後，接收原本日籍股東的股權，並於 1947 年改制

為「彰化銀行」，霧峰林家林獻堂為董事長，彰銀變成官民合股的省屬行庫。

為了順應公營事業民營化的浪潮，台灣省政府將其持有的彰銀普通股股票進行公開招募。1998 年，彰銀的官股比重下降至 50% 以下，完成民營化。同年台灣實施精省（指台灣省政府功能業務與組織調整），彰銀股東由台灣省政府改為財政部。

理論上，銀行為營利事業，是以賺錢為目的。因此，對於一些有借錢需要，但是沒有能力還款的「甘苦人」（台語，指辛苦人），民營銀行肯定拒人於千里之外，此時社會救助的角色，就必須由政府來扮演。彰銀為省屬三商銀之一，過去常常配合政府政策，放款給弱勢族群，此舉雖然讓當時的台灣省省長博得「勤政愛民」的美稱，但卻導致彰銀逾放比率過高。

2005 年，政府為了解決彰銀呆帳問題，決定引進民間資金，強化彰銀資本結構，台新金（2887）得標彰銀 14 億股特別股；2008 年，台新金將手中的彰銀特別股全數轉換成普通股，取得 22.5% 的股權，成為彰銀最大股東。

台新金取得彰銀經營權後，開始著手 2 家銀行合併事宜。無奈之後發生政黨輪替，新政府不支持台新金以小併大，財政部於 2014 年重新取得彰銀經營權，台新金因此與財政部對簿公堂。漫長的訴訟過程中，雙方各有勝負。

由於法律程序緩不濟急，2021 年，台新金決定發行特別股，籌措購併保德信的資金，之後以手中的彰銀持股當作標的，返還特別股股東。彰銀的經營權之爭才告一段落。

②京城銀（2809）

京城商業銀行（簡稱京城銀）前身是「台南區合會儲蓄公司」，於 1948 年成立。1978 年，改制為「台南區中小企業銀行（簡稱台南企銀）」，之後於 1983 年上市。

2005 年，京城建設蔡家參與台南企銀現金增資，取得經營權；2006 年，台南企銀更名為「京城銀行」。後京城建設蔡家淡出經營，由戴誠志接手。

2014 年，三商美邦人壽買下京城銀行 9% 的股權，但礙於同一年新

修訂的《保險法》規定，保險公司不能參與被投資公司的董監事選舉投票，故三商美邦人壽未能進駐京城銀行董事會。

就業務結構來說，京城銀行是一家很不一樣的銀行。一般的民營銀行以消費金融為主，藉由發行信用卡與爭取薪轉戶的方式，增加客戶黏著度，再以優質的親切服務，推銷保險、基金、貸款，藉由跨售的方式增加收入來源。不過這樣的經營模式，必須不斷增加分行家數，增加通路數目，客人有機會走進來，金融商品才賣得出去，銀行才有辦法發大財。然而受限於法令規範，銀行無法任意增設分行，要發展消費金融面臨相當大的挑戰。

由於京城銀行規模不大、分行家數不多，又沒有金控其他事業群的奧援，因此京城銀行試著走出自己的道路。京城銀行自知在消費金融業務競爭不過中信、國泰、玉山、台新等銀行，因此乾脆直接放棄信用卡業務，將重點放在企業金融與債券投資，消費金融業務只占放款總額的 1 成左右，比率相當低。

與其從事國內放款業務，賺取些許利差，京城銀行選擇以「購買國外債券」的方式，變相將資金貸放出去。藉著提高資本適足率，增加風險

承受能力，且債券部位 98% 以上為投資等級債，近年快速累積獲利。京城銀行自 2021 年起，成為繼上海商銀後，第 2 家不受《銀行法》第 50 條第 1 項限制的銀行，每股現金股利可以發放超過 1.5 元（註1）。

③台中銀（2812）

台中商業銀行（簡稱台中銀）前身為台中區合會儲蓄公司，於 1953 年成立；1978 年，台中區合會儲蓄公司改制為「台中企銀」，之後於 1984 年上市；1998 年，台中企銀再度改制為「台中商業銀行」。

回顧台中銀歷史，可說是幾經波折。1995 年，時任廣三集團總裁的曾正仁入主台中銀，擔任副董事長，董事長則由前立法院院長劉松藩擔任。然而好景不常，台中銀之後因內控疏失，爆發多起違法案件，包括著名的廣三超貸案、順大裕炒股案等，使得台中銀損失金額高達上百億

註 1：《銀行法》第 50 條第 1 項規定：「銀行於完納一切稅捐後分派盈餘時，應先提 30% 為法定盈餘公積；法定盈餘公積未達資本總額前，其最高現金盈餘分配，不得超過資本總額之 15%。」第 2 項規定：「銀行法定盈餘公積已達其資本總額時，或財務業務健全並依公司法提法定盈餘公積者，得不受前項規定之限制。」由於京城銀 2020 年法定盈餘公積累積達 1 個股本以上，故 2021 年配發 2020 年的股利時，已不受《銀行法》第 50 條第 1 項規定之限制。

元，一度被中央存款保險公司接管。

2005 年，時任中纖（1718）董事長的王朝慶入主台中銀，取得經營權，並委由專業經理人經營。經過專業經理人的努力，台中銀體質才慢慢轉佳。

台中銀的大股東為中纖與磐亞（4707），背後為王朝慶家族，三者相加的持股約 3 成。王朝慶育有 3 子，分別為王貴賢、王貴鋒、王貴增，目前台中銀由老二王貴鋒負責經營。

而台中銀旗下子公司尚包含「台中銀證券」、「台中銀租賃」、「台中銀保險經紀人」、「台中銀投資信託」等機構。就現況看來，王家的負面新聞較多，顯見台中銀的公司治理部分還有進步的空間。

④臺企銀（2834）

臺灣中小企業銀行（簡稱臺企銀）前身為「臺灣無盡株式會社」，於 1915 年成立，國民政府來台後，被臺灣省行政長官公署接收；之後經過多次改制，1976 年依《銀行法》更名為「臺灣中小企業銀行股份有限公司」，目的在扶持中小企業；1998 年臺企銀轉型為民營銀行，但

大股東為臺灣銀行等官股，屬於官股銀行。

　　一般來說，大企業資金雄厚，遇到不景氣時，比較有機會度過難關，但中小企業擁有的資源較少，風險也不夠分散，一旦遇到不景氣，比較容易出現財務危機。像是 2020 年新冠肺炎疫情爆發時，就有許多餐飲業撐不下去，不得不熄燈。

　　由於臺企銀對中小企業放款的比重比其他銀行高（中小企業放款占台灣整體銀行業放款的比重不到 3 成，但臺企銀的放款中，有近 5 成是對中小企業放款），所以在疫情發生後，臺企銀逾放比率上升。在呆帳金額吃掉獲利的情況下，使得臺企銀近幾年的經營成果不如其他銀行。

⑤高雄銀（2836）

　　高雄銀行（簡稱高雄銀）於 1982 年成立，前身為「高雄市銀行股份有限公司」，大股東為高雄市政府。1994 年，高雄市銀行股份有限公司更名為「高雄銀行」；1998 年，高雄銀上市；1999 年，高雄銀實施民營化；2001 年奉財政部核准，高雄銀升格為全國性銀行。

　　就目前現況來看，由於官股銀行經營效率較差，使得高雄銀的財務體

質與獲利表現位於後段班。

⑥聯邦銀（2838）

聯邦商業銀行（簡稱聯邦銀）於 1991 年成立，1998 年上市，目前董事長為林榮三長子林鴻聯，為大台北本土商幫三重幫林榮三體系的重要成員。2004 年，聯邦銀出價 71 億元，從金融重建基金手上取得中興銀行的營業項目，2005 年接手經營（註 2）。

目前聯邦銀積極發展自動提款機（ATM）業務，不但進駐萊爾富與 OK 便利商店，並在桃園捷運、台中捷運、高雄捷運都設有機台，ATM 家數僅次於中信、國泰、台新、玉山、合庫。

⑦遠東銀（2845）

遠東國際商業銀行（簡稱遠東銀）由遠東集團創辦人徐有庠於 1992 年成立，1998 年上市，現任董事長為央行前總裁梁國樹夫人侯金英。

註 2：中興銀行於 2000 年發生超貸弊案，累計虧損金額超過 100 億元（最終政府花了 600 億元以上處理），之後由行政院金融重建基金接管。

2008 年，遠東銀與德意志銀行結盟成立「德銀遠東證券投資信託」；2010 年，買下「慶豐銀行」；2011 年，買下美國國際集團成員「ING 安智證券」，並於 2012 年更名為「遠智證券」。

目前遠東銀旗下 100% 持股的子公司包括「遠銀資產管理」和「遠智證券」，另持有「大中票券」22% 的股權，以及「德銀遠東證券投信」40% 的股權。

⑧安泰銀（2849）

安泰商業銀行（簡稱安泰銀）於 1992 年成立，1999 年上市，主要發起人為宏泰集團旗下的宏泰建設。

2007 年，安泰銀因經營不善，引進私募基金隆力集團（The Longreach Group），由本國銀行變成外資銀行。為了改善經營成果，據傳隆力集團以年薪 2,200 萬元的天價高薪，聘請時任台北富邦銀行總經理的丁予康，擔任安泰銀行董事長。

經過整頓後，2021 年，安泰銀董事會擬用換股方式讓安泰銀成為國票金的 100% 子公司，但此舉在 2022 年 1 月已被金管會否決。目前安

泰銀就是一位打扮的美美的新娘，待價而沽，等著如意郎君上門提親。

⑨王道銀行（2897）

王道商業銀行（簡稱王道銀行）的前身「台灣工業銀行」，是 1999 年由駱錦明與前央行總裁謝森中共同成立。2017 年，台灣工業銀行改制為商業銀行，更名為「王道商業銀行」，並於股票市場掛牌上市。

由於據點過少，王道銀行目前以發展數位銀行為主，經營得比較辛苦。此外，值得一提的是，王道銀行手上共持有華票（2820）28.48% 的股權，原本 2 家公司有意合併，但好事多磨，至今仍在協商中。

⑩瑞興銀（5863）

瑞興商業銀行（簡稱瑞興銀）的前身為「台北稻江信用組合」，於 1917 年成立，之後不斷更名，於 2004 年更名為「有限責任台北市第一信用合作社」。

2007 年，有限責任臺北市第一信用合作社改制為「稻江商業銀行」，並登錄興櫃股票買賣，最大股東為新光合成纖維，由吳火獅么子吳東昇負責經營；2009 年，稻江商業銀行更名為「大台北商業銀行」，遭台

北富邦商業銀行以侵占商標權為由提出訴訟。之後，大台北商業銀行再度更名為「瑞興商業銀行（簡稱瑞興銀）」。

由於瑞興銀沒有金控的其他事業輔助，又缺乏新光集團的兄弟奧援，等於孤軍奮戰。在缺乏資源的情況下，過去數年的股東權益報酬率（ROE）不到 4%，表現較差。

⑪上海商銀（5876）

上海商業儲蓄銀行（簡稱上海商銀）於 1915 年在中國上海成立。抗戰期間為了躲避日軍戰火，先將總行遷至英屬香港。香港被日軍攻陷後，再遷至中國重慶，抗戰勝利後再遷回上海。國民政府播遷來台後，1964年復業，原香港分行改以「上海商業銀行」之名在英屬香港註冊，脫離本行，香港分行由分行變成子行。

2017 年，上海商銀的法定盈餘公積超過股本金額；2018 年，上海商銀的每股現金股利超過 1.5 元，成為第一家不受《銀行法》第 50 條第 1 項限制的銀行。同一年，上海商銀從興櫃轉為上市。

就上海商銀的獲利來源而言，台灣與香港大約各占一半。2020 年，

香港因為政治問題,部分外資撤離,整體經濟受到影響,導致上海商銀香港地區獲利衰退。2022 年美國開始進入升息循環,上海商銀由於海外獲利占比高,與美元利率連動的放款在 4 成以上,居同業之冠,獲利有機會重返成長趨勢。

類型2》票券股

目前台灣上市櫃的票券股,除了金控旗下的票券業(像是兆豐票券、國票)以外,票券股只有 1 檔——華票。華票淨值排名第 2,僅次於兆豐票券,且資產品質佳,獲利穩定,被市場稱為定存股,年均殖利率在 5%上下。

華票的全名為「中華票券金融公司」,於 1978 年成立,1994 年上市。2007 年,行政院國發基金釋出持有華票的股票,由當時華票的第一大股東「台灣工業銀行(今王道商業銀行)」全數標下,持股比率從 20%上升至目前的 28.48%。

台灣工業銀行主攻長期授信業務,華票主攻短期授信業務,2 家金融機構具有互補性,一直在洽談合併事宜,但因為換股比率談不攏,加上

受到工業銀行的相關法規限制，使得合併事宜一直延宕。

之後，台灣工業銀行順利轉型為商業銀行，並更名為「王道商業銀行」，法令限制已經解套，只要雙方對換股比率沒有意見，2 家金融機構就有機會完成合併。哪知半路殺出程咬金，寶佳集團持續買進華票，2020 年，寶佳集團持有華票的股權已超過 25%，持續逼近第一大股東王道銀行的股權，這也讓王道銀行和華票的合併事宜又添一變數。

類型3》 租賃股

租賃股共有 3 檔，分述如下：

①中租-KY（5871）

中租 -KY 的前身為中國租賃公司（於 1977 年成立，營業項目為設備租賃）和迪和公司（1980 年成立，主要業務為分期付款放帳），2 家公司於 1995 年合併為中租迪和。

1998 年，中租迪和再合併中瑞租賃，由鹿港辜家老三辜仲立負責經營。2009 年，為整合亞洲地區之子公司，成立「中租控股公司」，並

於 2011 年上市。

中租控股公司的角色為控股母公司，旗下有負責台灣地區業務的中租迪和，負責中國業務的中國仲立國際，並將觸角伸向美國、英國、愛爾蘭及東南亞，包括越南、泰國、馬來西亞、菲律賓、柬埔寨。營收比重台灣占 4 成，中國占 5 成，東協占 1 成。經營業務包括租賃、分期付款、應收帳款受讓及直接融資。

除此之下，中租控股公司旗下子公司「合迪」負責授信業務、「仲信資融」負責授信業務、「中租汽車租賃」負責租賃業務、「中租保險經紀」負責保險經紀業務。2014 年更發展太陽能業務，開始經營電廠。

②裕融（9941）

裕融為裕隆（2201）集團旗下成員，主要業務為汽車融資，其營收比重 8 成來自台灣，2 成來自中國。

1990 年，裕融成立，由裕隆汽車與美國奇異財務公司各持 50% 股權；1995 年，美國奇異財務公司退出，裕隆汽車取得裕融 100% 持股；1999 年，裕融在台掛牌上櫃。隨後不到 2 年，裕融又在台灣掛牌上市。

　　裕隆集團旗下有裕隆日產汽車公司、納智捷汽車公司、裕隆酷比汽車公司。新車售價動輒上百萬元，無法一次全部付清的消費者，可以向裕融取得資金，之後再分期支付。除此之外，向經銷商或中古車商買車，也可以向裕融進行資金融通。在集團加持下，裕融的營收相對穩定。

　　此外，裕融旗下另有子公司「格上租車」負責汽車租賃業務，「裕富數位資融」負責消費性商品分期業務。新安東京保險公司經營財產保險，裕融持有 2% 的股權。中國地區則有「裕融租賃」與「裕國融資租賃」負責設備及車輛租賃業務。

③和潤企業（6592）

　　和潤企業於 1999 年成立，2019 年上市，為和泰汽車集團旗下成員，主要業務為汽車融資。和泰汽車由黃烈火於 1947 年設立，從事豐田、凌志、日野等日系汽車品牌的台灣總代理；1999 年轉投資「和運租車」，負責汽車租賃業務，也經營共享汽機車 iRent 自助租車服務；2017 年取得蘇黎世產物保險經營權，更名為和泰產物保險。在集團加持下，和潤的營收相對穩定。

　　和潤企業旗下有「和運國際租賃」與「和運（上海）商業保理」，負

責經營中國地區的汽車租賃業務,「和運(上海)汽車租賃」則負責應收帳款授信。就和潤的營收比重來看,台灣約占 8 成、中國約占 2 成。

綜上所述可知,租賃業通常會跨業經營汽車業,並經營保險業務。由於彼此相關聯,汽車需要保險,買不起可以用租的,或是借錢消費降低買車門檻。因此,同時經營租賃、授信、汽車、保險,可以發揮綜效,降低成本並提升報酬率。

5-4 證券股》分為2類型 共有11檔個股

　　證券業依據業務性質不同,可再區分為證券和期貨。目前台灣上市櫃的證券類股票共有 11 檔,其中證券股有 9 檔、期貨股有 2 檔,以下一一介紹。

類型1》證券股

　　以證券為主體的個股除了要留意市占率、獲利能力、獲利來源與盈餘品質之外,還需要留意各券商的歷史背景,分述如下:

①統一證(2855)

　　統一證由統一集團邀請統一超商等企業於 1988 年成立,2002 年上市,2014 年購併渣打證券部門。2021 年,統一證市占率為 5%,排名第 6 名,居前 10 大券商之列,是少數沒有金控背景,但表現優異的券商。

②群益證（6005）

群益證由陳田文於 1988 年成立，之後購併宏泰綜合證券、永和華泰證券、台南昇詠證券、嘉義富泰證券、世欣證券、碧豐證券、海山證券、高盛證券，規模逐漸壯大。

群益證於 2005 年上市，2011 年從開發金手上搶到金鼎證券，合併後更名為「群益金鼎證券」。旗下子公司包含「群益期貨」、「群益證券投資顧問」、「群益保險經紀人」、「群益保險代理人」、「群益創業投資」等金融機構。

③致和證（5864）

致和證於 1989 年成立，2007 年購併日陞證券。之後於 2009 年興櫃，2018 年上市。致和證的營運地區以台南為主，除總公司位於台南以外，分公司亦有 4 家位於台南，其餘 4 家分公司則有 3 家位於台北，1 家位於高雄，規模較小。

④宏遠證（6015）

宏遠證的前身為「大信證券」，於 1961 年成立，1996 年上櫃。羅福助入主後，於 2001 年更名為「吉祥證券」。2005 年，吉祥證券引

進三商行集團成為最大股東，2006 年又更名為「宏遠證券」，目前為三商行集團旗下的一員。集團其他成員包括三商巧福、拿坡里披薩、美廉社、旭富（4119）等。2021 年，宏遠證購併光隆證券。

　　就市占率來看，宏遠證約 1%，規模較小。旗下子公司包含「宏遠投顧」、「宏遠證創投」、「宏遠管顧」。

⑤康和證（6016）

　　康和證由鄭國華於 1990 年成立，1996 年上櫃，2009 年與中國安徽的國元證券簽訂合作備忘錄（MOU）後，2010 年私募引進國元證券入股，為台灣首家中資參股的金融機構，現由鄭國華之子鄭大宇接棒。目前康和證旗下子公司包含「康和期貨」、「康和期經」、「康和投顧」、「康聯資產」、「康和保代」等金融機構。但要留意的是，康和證近期傳出購地弊案，檢方仍在調查中。

⑥大展證（6020）

　　大展證由朱茂隆於 1988 年成立，2003 年上櫃，以自營業務為主，營運據點不多，只有台北總公司與台南分公司 2 處，服務範圍以大台北與台南地區為主，旗下子公司包括「大展投顧」、「大展創投」、「大

展一號」。

⑦美好證（6021）

美好證的前身為大慶證券，由莊家三兄弟莊隆文、莊隆昌、莊隆慶於
1988 年成立，2003 年上櫃。大慶證券原是家小券商，之後透過不斷
購併（1994 年購併台慶證券、協慶證券，2011 年購併富順證券），
規模才慢慢擴大。

2018 年，時任董事長的莊隆慶支票跳票，發生財務危機，之後亞洲
價值資本集團透過毛毛蟲資本，公開收購大慶證券 51% 的股權，由黃谷
涵出任董事長，成為亞洲價值資本集團的成員。2022 年，大慶證券更
名為「美好證券」。

目前美好證旗下子公司包含「大慶投顧」、「美好私募股權」等金融
機構，亦有期貨部門兼營台股指數期貨。

⑧福邦證（6026）

福邦證的前身為三陽證券，於 1989 年成立，2003 年更名為「福
邦證券」。2013 年 10 月，福邦證轉投資設立「福邦創業投資股份有

限公司」及「福邦創業投資管理顧問股份有限公司」。之後福邦證又於
2016 年上櫃,是承銷業務占比最高的券商。

⑨德信(6027)

德信的前身為中興證券,於 1989 年成立,1999 年更名為「德信證
券」,隸屬於中纖(1718)集團,於 2015 年興櫃。

中纖集團於 1982 年由股市大亨變成企業家的王朝慶取得經營權,旗
下事業包括中纖、磐亞(4707)、台中銀(2812)、德信證券等。王
朝慶離世後,事業版圖由兒子接手,目前中纖與磐亞的董事長為老大王
貴賢,台中銀行董事長為老二王貴鋒,而德信證券則由老三王貴增主導。

類型2》期貨股

期貨股共有 2 檔,分述如下:

①群益期(6024)

群益期貨(簡稱群益期)於 1997 年成立,2017 年上市,營收僅次
於元大期貨與凱基期貨,2021 年市占率為 10%。大股東為群益金鼎證

券，持有群益期 57% 的股權。

群益期兼營「期貨顧問事業」、「期貨經理事業」、「證券交易輔助人」、「證券投資顧問事業」、「證券自營事業」、「槓桿交易商」等業務，但收入來源還是以「經紀手續費收入」為主，約占整體營收的 8 成。

②元大期（6023）

元大期貨（簡稱元大期）前身為寶來期貨經紀，於 1997 年成立，2007 年上櫃。2012 年，寶來期貨經紀與元大期貨合併，更名為「元大寶來期貨」，2015 年再更名為「元大期貨」。元大期 2021 年的市占率 23%，與凱基期貨同為國內的龍頭期貨商。元大金（2885）為其大股東，持有元大期 66% 的股權，此外，國泰人壽亦持有 8% 的股權。

目前元大期貨的營業項目包括「期貨經紀」、「期貨自營」、「期貨顧問」、「期貨結算及代結算業務」、「證券自營」、「證券交易輔助人」、「槓桿交易商」等，但收入來源還是以「經紀手續費收入」為主，約占整體營收的 9 成。

5-5
保險股》分為4類型
共有9檔個股

　　台灣目前與保險有關的上市櫃股票共有 9 檔，分別是三商壽、遠壽、台名、公勝保經、旺旺保、中再保、第一保、台產和新產。

　　其中，三商壽與遠壽是壽險公司；旺旺保、第一保、台產和新產是產險公司；台名與公勝保經是保經公司；中再保是再保險公司。分述如下：

類型1》壽險公司

①三商壽（2867）

　　三商美邦人壽（簡稱三商壽）的前身為「三商人壽」，由三商行（註1）與陳田錨（出身高雄政治世家，為大眾銀行的創辦人）於 1993 年成立。2001 年，三商人壽與美國萬通金融集團進行策略聯盟，更名為「三商美邦人壽」。

2010 年，三商行將美國萬通金融集團的持股全數買回，三商美邦人
壽成為三商行集團旗下的一員，集團其他成員包括三商巧福、拿坡里披
薩、美廉社、旭富（4119）等。

2012 年，三商美邦人壽上市，之後於 2014 年以 32 億元買下京城
銀（2809）9.62% 的股份，成為京城銀最大單一股東。但因為當年度
法規改變，壽險公司不再有董監投票權，三商美邦人壽開始減少持股，
目前已非京城銀的最大單一股東。

壽險業的資本適足率（RBC）要求為 200% 以上，目前三商美邦人
壽此比率偏低，僅 203.62%，使得高風險的股票投資部位受到限制。
2022 年，三商美邦人壽擬增資改善資本結構。

②遠壽（5859）

遠雄人壽（簡稱遠壽）的前身為「中興人壽」，由中興銀行（後被聯

註 1：三商行是由翁肇喜、陳河東、郭仲熙 3 個台大商學系畢業的同學一起於
　　　1965 年成立。三商行意謂「3 個商學系」，與省屬行庫三商銀（彰銀、華
　　　銀、一銀）沒有關係。

邦銀行買下）創辦人王玉雲與趙藤雄等人於 1993 年成立。2000 年，中興銀行爆發超貸弊案，王玉雲被起訴，趙藤雄接手成為最大股東，中興人壽更名為「遠雄人壽」，納入遠雄集團旗下；2004 年，遠雄人壽接收蘇黎世人壽在台所有保單，規模逐漸擴大。

除了經營壽險業以外，資金雄厚的遠雄人壽亦會出面獵地，再與遠雄（5522）合建或出售給關係人。這種集團事業體互助互利的經營模式雖然成功讓遠雄集團快速壯大，但也導致遠雄人壽的風險過度集中在房地產。2013 年，金管會直接點名遠雄人壽的體質不佳，所幸後來遠雄人壽透過增資改善此缺點，於 2015 年興櫃。2018 年，遠雄人壽因為內控缺失，董事長與總經理被金管會解除職務。2021 年又爆出疑似利用關係人交易賺取非法利益，目前調查中。

類型2》產險公司

①旺旺保（2816）

旺旺友聯產物保險（簡稱旺旺保）的前身為「友聯產物保險」，是由多位海外華僑與台灣企業家於 1963 年成立，故命名為「友聯」。1992 年，友聯產物保險上市；2002 年，友聯產物保險購併中國航聯

產物保險。2007 年，力霸集團的王又曾掏空多家企業，友聯產物保險亦受牽連。之後友聯產物保險改由旺旺集團接手，更名為「旺旺友聯產物保險」。

②第一保（2852）

第一產物保險公司（簡稱第一保）於 1962 年成立，2000 年上市，大股東為建成開發、大峰建設等企業，與第一金（2892）沒有關係。

③台產（2832）

臺灣產物保險（簡稱台產）是由臺銀、土銀、一銀、彰銀、華銀、臺灣航業、臺灣鐵路管理局等單位接受臺灣省行政長官公署的委託，於 1948 年出資成立，概括承受原本 11 家日資保險公司的業務。之後合庫、臺企銀（2834）也陸續出資，台產的股東變成各大官股行庫。

台產於 1997 年上市，1998 年順利民營化，由領航集團（註 2）取得經營權。領航集團創辦人為李文勇，靠營建業起家，目前台產是交棒

註 2：領航集團旗下包含領航建設、台產、台名、協益（5356），亦轉投資國票金（2889）、上櫃公司茂訊（3213）等。

給兒子李泰宏。憑藉營建的經驗，台產除了靠產險本業賺取收入外，名下的土地多位於精華地段，如火車站附近可收取租金或出售賺取利益。

④新產（2850）

新光產物保險（簡稱新產）於 1963 年成立，2000 年上市，為廣義新光集團旗下的產險公司，由吳火獅的二兒子吳東賢負責經營。

由於吳家兄弟理念不同，故而新產不屬於新光金（2888），也不屬於台新金（2887）。大股東為新光紡織、新光人壽、臺灣新光實業等。

類型3》保經公司

①台名（5878）

台名保險經紀人公司（簡稱台名）於 2002 年成立。2012 年，領航集團入股台名，持有 36% 的股權；2014 年，台名上櫃。

業務方面，台名是以保險經紀為主（壽險佣金收入占營收 9 成，產險佣金收入占營收 1 成），營收市占率為保經業的 3%，除了國泰人壽和保德信人壽的商品尚未代銷外，其餘保險公司的商品均可銷售。

由於台名銷售的保險商品種類繁多，使其獲利比只能銷售自家商品的壽險公司穩定，且因為台名是代銷其他家公司的保險商品，所以不用提撥各項準備金，也不用進行資本支出，在資金充沛下，使得台名每年盈餘分配率高達 9 成以上，現金殖利率有 6.5%，為隱藏版定存股。

②公勝保經（6028）

公勝保險經紀人公司（簡稱公勝保經）於 1993 年成立。2016 年，公勝保經成立公勝財富管理顧問股份有限公司，主要業務為投資顧問、管理顧問與仲介服務業等，公司持股 100%；2019 年，公司興櫃，主要從事保險經紀業務，其中壽險佣金比重占營收 9 成，產險佣金比重占營收 1 成，營收市占率為保經業的 8%。

公勝保經和台名一樣，獲利都比壽險公司穩定，且不用提撥各項準備金，也不用進行資本支出，盈餘分配率高達 75%，現金殖利率 7%，為隱藏版定存股。

類型4》再保險公司

中央再保險公司（簡稱中再保（2851））由財政部於 1968 年成立，

目的為執行政府再保險政策，業務範圍包括國內外財產保險及人身保險，為台灣唯一的本土再保險公司。

中央再保險公司於 2000 年上市，2002 年民營化。截至 2021 年年底，長榮集團持股 58%，財政部持股 15%。由於財產保險的合約金額較大，比較有再保險的需求，故而中再保的營收來源以產險為主，約占 8 成，壽險部分則約占 2 成。

第6章

評價指標

6-1 短期評價指標》KD指標 在低檔且黃金交叉時布局

前面第 1 章～第 4 章重點在介紹各類金融機構的特色,以及要從哪些財務指標衡量金融機構的競爭力。第 5 章則是介紹目前有哪些上市櫃的金融股。運用第 1 章到第 4 章的判斷方式,從第 5 章介紹的標的當中挑選出有上市櫃的優質金融股後,接著,還必須在股價便宜時買進,才能賺取正報酬。如果在股價高點買進優質金融機構,短期就會出現帳面虧損的情況。

衡量金融股的股價是否合理,短期建議用技術面的 KD 指標判斷,中期可以用基本面的殖利率衡量,長期則必須用股價淨值比評價。以下分別介紹各種不同的方法,先來看 KD 指標。

如果找到一檔優質的金融股,到底要何時買進呢?短期可以參考 KD 指標。KD 指標又稱為「隨機指標(Stochastic Oscillator)」,是技術分

析中的一種指標，藉以判斷目前股價和過去一段期間收盤價之間的關係，只考慮成交價，不考慮成交量。

KD 指標中的 K 值為「快速平均值」，反應較靈敏；D 值為「慢速平均值」，反應較遲鈍。K 值和 D 值，數值皆介於 0 到 100 之間。無論是 K 值或 D 值，當數值高於 50，代表目前股價高於過去的平均值；當數值低於 50，代表目前股價低於過去的平均值。

價值股有「均值回歸」的現象

不同的類股有不同的特性。俗話說：「飆股不拉回，拉回非飆股。」成長股原則上就是一路往上漲，就比較不適合使用 KD 指標；但如果是價值股，情況就不一樣了，很適合用 KD 指標來判斷。

學術研究發現，價值股有「均值回歸」的現象，也就是「漲多了會回檔，跌深了會反彈」。一家基本面非常好的公司，如果發生壞消息，或是大盤下殺，股價就可能超跌，導致股價低於過去一段期間的平均水準。此時若能善用 KD 指標進行判斷，就能在低點布局，享受股價上漲帶來的資本利得。

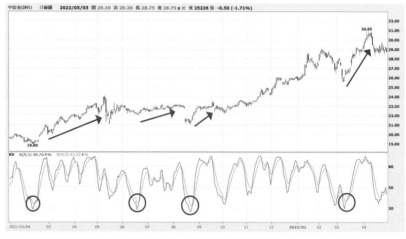

圖1 KD低檔且黃金交叉，股價後續上漲機率高
——以中信金（2891）日線圖為例

註：統計時間為 2021.01.04 ～ 2022.05.03　　資料來源：XQ 全球贏家

　　由於 KD 指標代表目前股價和過去平均股價的關係，當 KD 值低於 20，就代表過去一段期間的股價超跌了，如果是績優股，之後股價上漲的機率很高。

　　因此，當 KD 值低於 20，且 K 線往上突破 D 線時，代表短期平均股價低於長期的平均股價，意味著目前的股價已經超跌了，遠遠低於過去

的平均值，且短期的股價開始上漲了，為止跌回升的訊號，技術分析上稱為「黃金交叉」。

此時買進，能買在相對低點，且買進後立刻上漲的機率很高，資金運用較有效率。

金融股因股價波動小，具有均值回歸的特性，漲多容易回檔，跌深容易反彈，因此，最好的買點，就是當 KD 值低於 20，且 K 線往上突破 D 線，此時技術面出現黃金交叉，最容易買在相對低點，且買進後股價立刻上漲的機率很高。

以中信金（2891）為例，在 KD 低檔且出現黃金交叉時，股價短期上漲的機率很高（詳見圖 1）。

6-2 中期評價指標》殖利率 預測股利及早進場可賺價差

6-1 介紹的 KD 指標雖能用來判斷金融股的股價趨勢，但只適用於短期情況，若將時間拉長，則可改用「殖利率」判斷股價是否合理。學術上，殖利率只考量現金股利的部分，其算法為：

現金殖利率＝現金股利 ÷ 股價 ×100%

但實務上，投資人亦會將股票股利的部分納入考量，故殖利率的算法會改為：

殖利率＝（現金股利＋股票股利）÷ 股價 ×100%

股利＋殖利率雙高，可望帶動股價漲勢

由於我們是要判斷股價是否合理，因此，應該要將目光放在「股利（指

現金股利＋股票股利）」上。一般來說，若股利愈低，殖利率會愈低；股利愈高，則殖利率也會愈高。目前金控股殖利率大多在 4% 到 7% 之間（詳見表 1）。

有許多投資人會在公司宣告發放股利前，事先猜測未來的股利金額，選擇殖利率高的買進卡位，若最後公司實際公布的股利金額與預期的一致，股價就有機會上漲，投資人就可以賺到價差。

例如富邦金（2881）2020 年全年每股稅後盈餘（EPS）為 8.54 元，於 2021 年 4 月 29 日宣告每股發放 3 元的現金股利和 1 元的股票股利（註 1），雖然盈餘分配率僅 47%，但以當天收盤價 64.2 元計算，殖利率高達 6.2%，高於過去 4% 到 5% 的平均水準。

富邦金在重大訊息公告股利金額後，股價從 64.2 元漲到 2021 年 7 月 19 日的最高價 85.7 元，不到 3 個月漲了 33%，漲幅相當驚人。

若能事先預測股利金額，挑選殖利率高的股票買進，就有機會賺到價

註 1：當年度盈餘會在隔年配發。

差（詳見圖1）。

2因素影響金融股股利政策

然而，投資人要了解的是，金融機構受到政府高度監理，限制很多，並不是想發多少股利，就可以發多少。如果浮濫發放現金股利，將導致資本適足率過低，金融機構能投資的風險性資產變少，未來的獲利可能下降，不利長期經營發展。至於這中間的比重究竟該如何拿捏，就考驗經營者的智慧了。

以下，我們先來看「法定盈餘公積」和「資本適足率」對於金融機構發放股利的影響。唯有先了解金融機構股利發放的運作規則，才能幫助大家在決策上有更好的判斷。

因素1》法定盈餘公積

根據《銀行法》第 50 條第 1 項規定：「銀行於完納一切稅捐後分派盈餘時，應先提 30% 為法定盈餘公積。法定盈餘公積未達資本總額前，其最高現金盈餘分配，不得超過資本總額之 15%。」這表示銀行被限制盈餘分配的比率提升至 30%，能發放的比率只剩 70%，且每股現金股利

表1 金控股殖利率多介於4%～7%之間
——15檔金控股股價、EPS、股利與殖利率

名稱 （股號）	收盤價 （元）	2021年 EPS （元）	現金 股利 （元）	股票 股利 （元）	股利 合計 （元）	現金 殖利率 （%）	殖利率 （%）
華南金 （2880）	23.75	1.30	0.780	0.340	1.12	3.28	4.72
富邦金 （2881）	74.40	12.49	3.500	0.500	4.00	4.70	5.38
國泰金 （2882）	62.50	10.34	3.500	—	3.50	5.60	5.60
開發金 （2883）	17.95	2.34	1.000	—	1.00	5.57	5.57
玉山金 （2884）	33.85	1.54	0.670	0.670	1.34	1.98	3.96
元大金 （2885）	26.15	2.87	1.500	0.300	1.80	5.74	6.88
兆豐金 （2886）	41.60	1.89	1.400	0.250	1.65	3.37	3.97
台新金 （2887）	19.40	1.63	0.605	0.495	1.10	3.12	5.67
新光金 （2888）	9.83	1.67	0.430	—	0.43	4.37	4.37
國票金 （2889）	16.05	1.30	0.650	0.500	1.15	4.05	7.17
永豐金 （2890）	18.25	1.44	0.800	0.100	0.90	4.38	4.93
中信金 （2891）	29.25	2.73	1.250	—	1.25	4.27	4.27
第一金 （2892）	27.80	1.52	1.000	0.200	1.20	3.60	4.32
日盛金 （5820）	12.40	1.06	0.700	—	0.70	5.65	5.65
合庫金 （5880）	28.50	1.51	1.000	0.300	1.30	3.51	4.56

註：1. 收盤價為 2022.04.29 資料；2. —表示無資料　　資料來源：公開資訊觀測站

圖1 富邦金2021年4月公告股利後，股價上漲33%
──富邦金（2881）日線圖

註：統計時間為 2021.01.04 ～ 2021.12.30　　資料來源：XQ 全球贏家

金額的上限為 1.5 元。而除了銀行業以外，其他金融機構，像是票券業、證券業、期貨業、保險業等，亦有限制盈餘發放的規定（詳見表 2）。

　　由於公司的稅後淨利在扣除盈餘公積之後，剩下的金額才能拿出來分配給股東，因此盈餘公積提撥的比率愈高，就代表股東可以分配到的金額就會愈少。從股東的角度思考，現金股利金額過低，到手的現金變少，

表2 銀行業得分配盈餘的比率為70%
——各金融機構限制盈餘分配情形

提列比率	法定盈餘公積	特別盈餘公積	得分配盈餘	法源
一般公司	10%	－	90%	《公司法》第237條
銀行業	30%	－	70%	《銀行法》第50條
票券業	30%	－	70%	《票券金融管理法》第34條
證券業	10%	20%	70%	《公司法》第237條、《證券商管理規則》第14條
期貨業	10%	20%	70%	《公司法》第237條、《期貨商管理規則》第18條
保險業	20%	7種情況下須提撥*	80%以下	《保險法》第145-1條

註：－表示無資料；* 依據金管保財字第10904917647號規定：「投資性不動產市價上漲利益應全額提列特別盈餘公積。」總括來說，保險公司在下述7種情況發生時，都要提列特別盈餘公積：1.投資性不動產採市價法後的增值、2.利變型保單區隔資產價值超過準備金的部分、3.出售未到期債券、4.失能險稅後淨利、5.當年度省下的避險成本、6.旅平險意外死亡與失能保費10%、7.外匯準備金上路後當年度稅後獲利10%　資料來源：全國法規資料庫

難免心情不好。但從國家的角度思考，金融機構是穩定社會經濟的重要角色，若金融機構願意降低配息比率，強化財務結構，可以使社會上眾多的小額存款者受到更安全的保障，對整體社會來說有正面的貢獻。

由於金融業的盈餘分配率必須符合法令規範，所以股利發放的額度會較一般公司低，並非大股東吝嗇小氣壓榨一般散戶。

　　若要預測金融股（特別是金控股）當年度發放的股利金額，除了參考歷年的盈餘分配情況，也可以從獲利來源的占比進行分析（註2）。

　　若將 1-2 表 1 的金額以百分比表示，可以整理成表 3。從中可以發現，壽險獲利來源占比超過 50% 的富邦金、國泰金（2882）、新光金（2888），盈餘分配率皆低於 40%。開發金（2883）與中信金（2891），壽險獲利來源占比也偏高，故盈餘分配率在 50% 以下。而獲利來源以銀行為主體的金控，會有比較高的盈餘分配率。

　　由此可知，預測金控的股利金額是有技巧的。除了觀察過去的配發情況，參考法説會的資訊，分析獲利來源的占比，也是相當重要。由於壽險盈餘分配受限制的情況較多，故股利金額應保守估算，才不會因為過度樂觀而做出錯誤的決策。

　　若能準確預估金融股的股利金額，事先布局，投資人不僅能領到股利，還有機會賺取價差。

註2：1-2 提到，金控股的主力業務是透過子公司的「淨值」來判斷，與此處觀察股利的情況不同，股利是看「獲利來源」。

表3 獲利來源以壽險為主的金控，盈餘分配率較低

——15檔金控股獲利來源占比與盈餘分配率

名稱 （股號）	獲利來源占比（%）					盈餘 分配率 （%）
	銀行	證券	壽險	產險	其他	
華南金（2880）	**81**	14	0	5	0	86
富邦金（2881）	16	8	**72**	4	0	**32**
國泰金（2882）	16	3	**79**	2	0	**34**
開發金（2883）	11	**59**	**30**	0	0	43
玉山金（2884）	**85**	15	0	0	0	87
元大金（2885）	22	**72**	6	0	0	63
兆豐金（2886）	**86**	12	0	2	0	87
台新金（2887）	**85**	17	-2	0	0	67
新光金（2888）	28	17	**55**	0	0	**26**
國票金（2889）	**65**	35	0	0	0	88
永豐金（2890）	**70**	30	0	0	0	63
中信金（2891）	**53**	5	**41**	0	1	46
第一金（2892）	**89**	8	3	0	0	79
日盛金（5820）	15	**85**	0	0	0	66
合庫金（5880）	**93**	4	3	0	0	86

註：1.統計時間為2021年全年；2.紅字代表主要獲利來源　　資料來源：公開資訊觀測站

因素2》資本適足率

除了法定盈餘公積以外，我們還可以從銀行資本適足率的觀點，來討論金融機構的股利政策。

資本適足率是用來反映銀行在存款人和債權人的資產遭到損失之前，該銀行能夠以自有資本承擔多少損失的程度，其公式如下：

銀行資本適足率＝自有資本淨額 ÷ 風險性資產總額 ×100%

如果有一家銀行，帳上有 50 元的現金，200 元的地方政府債權，80 元的股票投資，自有資本淨額是 7 元，那麼這家銀行的資本適足率會是多少？

不同資產，其風險權數也不一樣，例如現金的風險很低，風險權數為零。銀行對地方政府放款，地方政府賴帳不還的機率很低，也就是對銀行的信用風險很低，風險權數為 10%。投資股票的預期報酬率最高，但銀行必須承擔的風險也最高，風險權數為 100%。

將這些資訊彙總起來可以知道，這家銀行的風險性資產總額為 100 元

（＝0元＋200元×10%＋80元×100%）。若將之代入公式則可算出，資本適足率為7%（＝7元÷100元×100%）。

依據《銀行資本適足性及資本等級管理辦法》第5條規定，銀行資本適足率必須超過10.5%才合法，此時銀行有3方法來提高資本適足率：

方法①》增資

如果銀行增資，例如將資本額從7元變成12元，資本適足率就會變成12%，就有超過法定要求。但增資的缺點，是大股東必須拿錢出來，可是大股東不一定有足夠的資金。若大股東放棄認購，則股權會被稀釋。

方法②》處分高風險資產

如果銀行處分高風險資產，例如把80元的股票全部賣掉變現，這樣分母會變小，資本適足率將上升為35%，也會符合監管機關的要求。但處分高風險資產的缺點，是銀行的獲利金額會下降，導致EPS衰退。

方法③》發行無表決權特別股

特別股（詳見7-6）在會計上被認定為資本，當自有資本增加以後，銀行的資本適足率也會跟著提升。實務上，有些金融機構為了增加資本

適足率，但又不希望股權被稀釋時，則會選擇在低利率時期，發行無表決權的特別股。

有人會問，既然法律規定資本適足率不得低於 10.5%，那就維持在 10.5% 不就好了？為什麼有些銀行的資本適足率會高於 10.5% 呢？這是因為當銀行有比較高的資本適足率時，就可以持有風險比較高的資產，賺取比較高的預期報酬率。

也就是說，當銀行發放現金股利，把放在身上的現金交到股東手上時，銀行的自有資本會下降。一旦低於主管機關的要求，之後的業務就會被限制，只能從事低風險的業務賺取少少的錢，獲利能力會下降，不利長期發展。

我們從前述可以知道，金融機構的股利發放金額，受到「法定盈餘公積」和「資本適足率」的限制，不是經營者想發多少就可以發多少。那是不是說，對於金融機構來說，現金股利的發放並不重要呢？當然不是如此，現金股利的多寡，對於投資人而言，還是有影響的。

根據資訊經濟學，股利政策可以傳達管理者對自家公司未來的看法。

如果一家公司的股利金額比較大方，代表管理階層認為目前資本充足、現金充裕，發完現金股利後仍可以維持成長性。故金融業大方的股利政策，短期內容易推升股價上漲。

然而凡事都有一體兩面，對於金融股來說，過度大方的股利政策，會導致金融機構的業務受到限制，無法從事高風險高報酬業務，使得獲利成長速度放緩。若金融股未來的股利發放金額不如預期，則股價會慢慢回到它應有的價值。

也就是說，金融股大方的股利政策雖然能讓投資人在當下領到豐厚的現金，但換來的卻是銀行獲利成長放緩，股價上漲較少，有可能讓投資人領到股利，卻賠了價差，並不是提升投資報酬率的最佳方式。

那究竟該怎麼做才比較好呢？很簡單，對於金融機構的管理階層來說，股利政策應該在「照顧股東」與「追求內部獲利成長」之間取得平衡。而對於投資人來說，應該追求的是「股利」、「價差」兩頭賺。

6-3 長期評價指標》股價淨值比 把握股價被低估時的買點

6-2 提到的高額股利政策，只會影響金融股中期的股價，若以長期存股的概念來看，投資人應該將目光放在金融機構的核心競爭力。

一般來說，市場在判斷股價位階時，多會使用「本益比」做判斷，但因為金融股的價值在於其所擁有的資產——可出售變現的放款與投資有價證券，故使用「股價淨值比」做衡量，會比使用「本益比」衡量來得恰當（註1）。

股價淨值比高，代表公司競爭力強

股價淨值比是用來判斷一家公司股價相對其淨值的合理性，公式如下：

股價淨值比＝每股股價 ÷ 每股淨值

通常競爭力愈強的金融機構，會有比較高的股價淨值比。一家好的金融機構，投資人會願意用高價購買，通常股價淨值比會大於 1；一家體質不佳的金融機構，通常股價淨值比會小於 1。

由於財報上只看得到帳面每股淨值，且每家金融機構合理的股價淨值比不等，例如股價淨值比中，每股淨值的算法為總資產減去總負債後，再除以流通在外普通股股數。而目前財務報表上的資產金額，並非全部都是以市價表示，因此，投資人必須自己將每股淨值從帳面金額調整成公允價值（市價）後，再與股價做比較，來決定買賣決策。

假如銀行放款品質不佳，就必須將帳面淨值的金額往下降；如果壽險買了很多不動產，帳面用歷史成本評價，則要將每股淨值往上加。

而金融股除了資產的價值外，亦有許多無形的價值，例如客戶名單或員工的向心力。因此將帳上的每股淨值調整成公允價值的每股淨值，也

註 1：本益比的公式，是在每年獲利穩定的假設下推導出來的（推導過程可參考我第 1 本書《會計師低價存股術 用一張表存到 1300 萬》的內容）。票券業與保經業因為每年獲利穩定，故可以用本益比評價。若獲利變動較大的壽險業，一定要使用股價淨值比評價。

未必會百分之百等於股價,這些因素都增加了金融股評價的難度。

比較簡單的方式是將各金融機構的股價淨值比排序,檢視有沒有不合理的情況發生。如果有一家優質的金融機構,股價淨值比卻在後段班,代表這家金融機構的股價被低估。此時,買進長期持有,就有機會股利、價差兩頭賺。以下,我們來看目前各金控股和銀行股股價淨值比的表現情況(註2)。

1.金控股

依照 Goodinfo! 台灣股市資訊網的資訊,以當年度的平均股價,除以期末的每股淨值,可以得出各年度的股價淨值比(詳見表1)。將股價淨值比從高到低排序,則可以進行投資決策。

從表1中可以發現,玉山金(2884)的股價淨值比長期位於前段班,拿下多次的第1名。由於玉山金旗下的玉山銀行資產規模快速成長,經

註2:以金控為主的券商,獲利較穩定。而純券商獲利來源多為投資,獲利波動導致股價波動,較不適合以股價淨值比判斷核心競爭力的高低。證券股2021年為特殊年度,此處不予討論。保險股因同類型的家數過少,投資人可一一查看,此處不列舉。

表1 玉山金股價淨值比在近5年內4度位居第1
——各金控股近5年股價淨值比

名稱（股號）	2017年	2018年	2019年	2020年	2021年
玉山金（2884）	**1.27**	1.41	**1.70**	**1.85**	**1.81**
兆豐金（2886）	1.10	1.13	1.23	1.25	1.34
第一金（2892）	1.22	1.22	1.24	1.27	1.29
華南金（2880）	1.14	1.17	1.32	1.30	1.27
合庫金（5880）	0.95	1.07	1.18	1.17	1.25
國票金（2889）	0.78	0.89	0.84	0.88	1.21
元大金（2885）	0.73	0.77	0.91	0.87	1.09
中信金（2891）	1.19	1.34	1.10	0.98	1.05
台新金（2887）	0.91	0.94	0.90	0.83	0.99
富邦金（2881）	1.08	1.27	0.85	0.65	0.97
永豐金（2890）	0.75	0.84	0.91	0.83	0.93
日盛金（5820）	0.65	0.72	0.80	0.79	0.91
國泰金（2882）	1.10	**1.42**	0.81	0.66	0.87
開發金（2883）	0.76	0.98	0.75	0.65	0.81
新光金（2888）	0.63	0.96	0.60	0.47	0.52

註：1. 依2021年股價淨值比高低排序；2. 紅字代表當年度股價淨值比最高之數值；3. 單位為倍
資料來源：Goodinfo! 台灣股市資訊網

營階層策略正確，獲利穩定成長，所以市場願意給予玉山金最高的股價淨值比。

　　若以殖利率或股價淨值比的角度衡量，會覺得玉山金的股價偏貴，但是玉山金最具成長性，雖然殖利率較低，但是投資人有機會賺到較多的資本利得。

　　此外，就各金控的背景來看，新光金（2888）投資眼光不佳，國票金（2889）沒有銀行吸收便宜的存款，日盛金（5820）銀行資產品質稍差，因此市場給予的股價淨值比較低（各金控背景介紹詳見第 5 章）。

　　永豐金（2890）何家因為內控疏失，弊案連連，在 2017 年被迫交出經營權，轉由專業經理人經營，因此體質開始好轉。股價淨值比的排名，也從 2018 年的第 13 名，慢慢往上爬。因此，在投資決策上，永豐金何家交出經營權的時候，就是一個好的買點。

　　至於證券占比較高的元大金（2885），受惠 2021 年加權指數漲到 1 萬 8,000 點，單日成交金額最高達 7,000 億元以上，股價淨值比在整體金控中，上升到第 7 名，遠遠優於過去其他年度。因此，在證券景

氣復甦時，就可以買進證券類的股票。但是 2021 年 7 月台股成交量開始下滑，元大金的股價也跟著走弱。由此可見，台股成交量的變化，是判斷元大金買賣點的重要指標。

此外，由於壽險業面臨嚴重的利差損，當美國開始升息時，市場預期壽險業的獲利會開始成長，因此 2018 年國泰金（2882）的股價淨值比居金控之冠，中信金（2891）與富邦金（2881）也名列前茅。

然而 2020 年新冠肺炎疫情爆發，全世界都在降息，低利率使壽險業的利差損困境雪上加霜，新光金、富邦金、開發金（2883）、國泰金這 4 家壽險占比高的金控，股價淨值比掉到最後 4 名。降息後壽險公司持有的債券市價上升，每股淨值上升，導致股價淨值比下降。

2022 年，美國開始升息，台灣也跟進，銀行業的利差擴大，獲利有機會成長。市場也在 2021 年提前反映，以銀行業務為主體的金控，包括玉山金、兆豐金（2886）、第一金（2892）、華南金（2880）、合庫金（5880），股價淨值比位於前 5 名。

其中，兆豐金海外資產多，美國升息受惠最大，股價淨值比因此上升

到第 2 名。若在美國升息前事先買進兆豐金，就會有不錯的報酬率。

台新金（2887）經營能力強，但因為彰銀（2801）問題，導致獲利不佳，市場願意給予的股價淨值比一直衰退。2021 年台新金決定發行特別股購併保德信人壽，不但新增壽險業務，還一併解決了彰銀問題，股價開始一路上漲。也就是說，當彰銀問題解套時，就是一個好的買點。

2.銀行股

至於銀行類股，上海商銀（5876）之前受限於《銀行法》第 50 條之規定，無論獲利再高，都只能發放 1.5 元的現金股利。2018 年開始，受惠於法定盈餘公積已超過資本總額，上海商銀每股現金股利開始超過 1.5 元，帶動股價上漲，股價淨值比排名來到第 1 名（詳見表 2）。

可惜 2020 年香港因為政治議題，外資撤離，上海商銀由於半數獲利來自香港，獲利衰退，導致股價下跌。從投資的角度而言，當上海商銀的法定盈餘公積超過資本總額時，就是好的買點。當香港因為政治議題外資撤離時，就適合賣出上海商銀的股票。

台灣銀行業對中小企業的放款占比約 3 成，但臺企銀（2834）對中

表2 上海商銀股價淨值比連續4年第1名
——各銀行股近5年股價淨值比

名稱 （股號）	2017年	2018年	2019年	2020年	2021年
上海商銀 （5876）	–	**1.22**	**1.47**	**1.24**	**1.23**
彰銀 （2801）	**1.12**	1.10	1.25	1.21	1.03
京城銀 （2809）	0.97	1.10	0.88	0.85	0.93
安泰銀 （2849）	0.72	0.75	0.85	0.83	0.88
台中銀 （2812）	0.74	0.76	0.85	0.83	0.83
高雄銀 （2836）	0.68	0.67	0.67	0.65	0.75
遠東銀 （2845）	0.71	0.74	0.83	0.77	0.75
臺企銀 （2834）	0.68	0.73	0.93	0.80	0.73
聯邦銀 （2838）	0.53	0.57	0.59	0.58	0.63
王道銀行 （2897）	0.74	0.71	0.64	0.59	0.61
瑞興銀 （5863）	0.58	0.55	0.66	0.59	0.56

註：1. 依2021年股價淨值比高低排序；2. 紅字代表當年度股價淨值比最高之數值；3. 上海商銀2018年上市，故無2017年之資料；4. 單位為倍　資料來源：Goodinfo! 台灣股市資訊網

小企業放款的占比高達 5 成。2020 年新冠肺炎疫情爆發，餐飲業等特定產業受到衝擊，缺乏資源的中小企業經營困難，違約比率上升，臺企銀的股價因此下跌，股價淨值比下降。因此，當疫情爆發時，就適合賣出臺企銀的股票。

而聯邦銀（2838），2019 年和 2020 年的股價淨值比都敬陪末座。但聯邦銀積極發展自動提款機業務，雖然沒有辦法立刻反映在獲利上，但經由體質慢慢調整，之後的手續費占比有機會提升。若此時買進，2021 年聯邦銀的股價淨值比上升到 0.63 倍，排名提升到第 9 名。因此，當 2019 年聯邦銀的股價被低估時，就是一個好的買點。

第 **7** 章

案例解析

台新金》彰銀案有望解套 基本面大幅轉佳

前面第 1 章～第 6 章已和大家介紹金融股的相關知識，最後第 7 章，我要來教大家如何將這些知識運用到實例上。由於金融機構的帳上多是金融資產，容易被掏空，因此在買進股票之前，一定要先了解經營階層的道德操守。在選股時，除了用已揭露的財務比率外，可以從財務報表中去找尋各金融機構的核心競爭力。以下，我會來介紹幾檔我覺得不錯的金融股給大家認識，先來看台新金（2887）。

如果詢問國人對台新金的看法，我想多數人會對台新金的服務品質豎起大拇指。台新金是以銀行為主的金控，旗下的台新銀行則是以消費金融為主，信用卡業務很強，ATM 家數也多，逾放比率也低。

照理來說，台新銀行是一家優質的銀行，但是反映在財務比率上，就是它的股東權益報酬率（ROE）不夠高，只能算是中段班的銀行。問題

的癥結點，就在於台新銀行的海外資產過少，只有 5 家分行，4 家代表人辦事處，1 家其他分支機構，無法賺取較高的存放款利差。

　　台新銀行之所以沒有在國外大量設置分支機構，有 2 個原因：1. 台新銀行的資金都卡在彰銀（2801），沒有多餘資金往海外發展；2. 當時台新銀行期待未來可以和彰銀合併，因此彰銀已布局插旗的地區，台新銀行就不再設點。基於上述 2 點，導致台新銀行海外發展落後同業，這也就是為什麼，台灣人覺得台新銀行是一家優質的金融機構，但獲利始終未現起色的原因。

　　至於兵家必爭的中國，台新銀行一樣沒有任何據點，原因就在於「OECD 條款（註 1）」。由於金管會擔心陸銀大舉登台，因此「OECD 條款」規定，兩岸銀行業者互設據點，須在 OECD 會員國經營業務 5 年以上才符合資格。

　　由於台新銀行沒有在 OECD 國家的經營經驗，無法登「陸」，導致未

註 1：OECD（Organization for Economic Co-operation and Development），
　　　中文為「經濟合作暨發展組織」。

來發展受限。因此，台新銀行的首要任務，就是要解決彰銀案，彰銀案有解，台新銀行的獲利才有辦法突飛猛進。還好，對於彰銀，台新已逐漸想出一套解決辦法。

購併保德信人壽，增添壽險業務

2021 年 6 月 1 日，台新金在公開資訊觀測站表示，將發行特別股購併保德信人壽，並以彰銀的股票作為償還特別股股東之標的，藕斷絲連的彰銀案即將解套。雖然這樣做必須要重新調整彰銀的投資分類，認列 43 億元的處分損失，但這項損失是一次性的，不會持續發生，等到彰銀的資金解套後，台新金將脫胎換骨。

此外，台新金自知購併彰銀的機會渺茫，已於 2016 年在日本開設台新銀行東京分行，經過 5 年的時間，加上行政的作業程序 1 年，這表示自 2022 年後，台新銀行就不受 OECD 條款限制，可以到中國設點，賺取比較高的存放款利差。

之前有投資朋友詢問我對台新金的看法，我都回答：「買進台新金，賺得到股利，賺不到價差。」但是自從彰銀案有機會解套後，我的看法

就開始改變了。

　　台新銀行和中信銀行都是 1990 年代開放的新銀行，2 家金融機構的經營階層都很優秀，原本是並駕齊驅的。然而中信銀行與萬通銀行合併，與統一超商策略聯盟，從此一飛沖天。台新銀行卻因為彰銀案，資金運用變得缺乏效率，導致一直原地踏步，無法前進。一旦彰銀案解套，就有機會脫胎換骨。

　　此外，銀行是壽險最佳的通路，比重超過 50%。2021 年以前，台新金控有自己的銀行，卻沒有壽險體系，台新銀行只能銷售其他保險公司的產品，賺取佣金。

　　大部分的保費收入，都進了其他金融機構的口袋，為他人作嫁衣裳。但在台新金購併保德信人壽後，有了自己的壽險體系，台新銀行可以銷售自家的壽險產品，無疑是如虎添翼。

　　由於台新金有望解決彰銀這塊燙手山芋，還迎娶保德信人壽這位美嬌娘，又取得了進入中國的門票，基本面大幅轉佳，我的看法因此從「中立」變成「買進」。

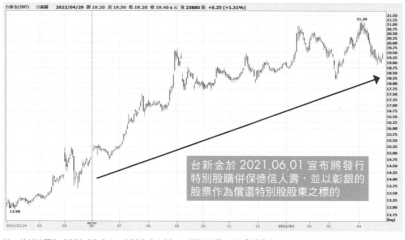

圖1　台新金宣布購併保德信人壽後，股價上漲31%
——台新金（2887）日線圖

> 台新金於 2021.06.01 宣布將發行特別股購併保德信人壽，並以彰銀的股票作為償還特別股股東之標的

註：統計時間為 2021.02.24 ～ 2022.04.29　　資料來源：XQ 全球贏家

　　台新金的策略，市場上早有風聲，股價已悄悄上漲，2021 年 6 月 1 日發布重訊時，股價來到 14.85 元，雖然如此，之後的股價還是一路上漲，到了 2022 年 4 月 29 日，漲到 19.4 元，上漲 31%（詳見圖 1）。由於金融股的股本大，可以長期投資，股價會慢慢漲，不會一次漲完，投資人有機會提前布局。

玉山金》積極拓展中國市場獲利快速成長

7-2

　　玉山金（2884）是台灣少數入選「道瓊永續指數（DJSI）」的金融機構，玉山金在所有 25 個類別表現皆高於業界平均，特別是「人力資源管理」及「誠信經營」這 2 項，獲得全球最高分滿分的肯定，顯示玉山長期秉持誠信經營，持續精進人力資源，已在國際舞台上發光發熱。

　　早在 2017 年，玉山金的股價淨值比位於全金控之冠時，我就開始研究玉山金，看看它到底是股價超漲？還是真的表現很好？

　　截至 2021 年 12 月，玉山銀行有 453 萬張的有效信用卡，在業界排名第 3 名，加上「大廳接待員制度」的高品質服務，2021 年共創造了 181 億元的手續費淨收入，手續費占淨收益比重高達 35%，遠高於同業平均 24%。至於電子支付方面，第三方在線支付平台，包括淘寶的支付寶、騰訊旗下的財付通，都是使用 E.SUN Pay。

玉山招牌的顏色為綠色，政治傾向一樣偏綠，但別以為玉山會因此放棄中國的生意；相反地，玉山在中國非常吃得開。玉山銀行是 ECFA（海峽兩岸經濟合作架構協議）後第 1 家赴中國設立辦事處的民營銀行，更是台灣所有在中國經營的銀行中，第 1 家將分行升格成子行的銀行，表現令人刮目相看。

取得中國支付寶與財付通的獨家經營權

玉山銀行以優質的服務品質與高人一等的政治手腕，成功拿下中國支付寶與財付通的獨家經營權。

當台灣商家的貨品在淘寶上架，若中國的買家下單，該筆訂單將透過玉山銀行，將人民幣存到支付寶帳戶。等買方收到貨後，再由玉山銀行支付新台幣給台灣的賣家。其中匯率波動的風險，由玉山銀行承擔。

如此一來，玉山銀行就可以用非常低的成本，吸收到人民幣，再將人民幣貸放出去，賺取利差。相較於國內其他銀行，必須提供 3% 的利率給存款人，作為吸收資金的成本，玉山銀行等於間接用新台幣換取人民幣，成本下降，獲利當然上升。

圖1 玉山金股價近4年半以來上漲79%
　　──玉山金（2884）日線圖

註：統計時間為 2017.12.11 ～ 2022.04.29　　資料來源：XQ 全球贏家

　　由於玉山金經營有術，使得資產成長快速，且幾乎每年都會配息、配股，若投資人持有它所發行的股票，除了能夠賺到股利之外，也有機會賺到價差。若以 2017 年 12 月 29 日玉山金的收盤價 18.9 元來看，持有至 2022 年 4 月 29 日，股價來到 33.85 元，上漲 79%（詳見圖1），如果把這幾年玉山金配發的現金股利和股票股利加上來，報酬率就更可觀了。

7-3

中信金》超商代收代付業務帶來大額現金流入

中信金（2891）由彰化縣鹿港鎮辜家所創辦，現由辜濂松家族握有經營權，旗下包含「中國信託商業銀行（以下簡稱中信銀行）」、「台灣人壽」、「中信證券」、「中信創投」、「中國信託資產管理」、「中信投信」、「中信保全」、「台灣彩券」等8家子公司，以及「中信產險」等孫公司。

若以淨值來看，中信金旗下子公司中的中信銀行約占整體的64%，台灣人壽占32%。從2021年的獲利來源來看，銀行業務占53%，保險業務占41%，銀行的占比最高。

中信銀行》台灣第1家發行信用卡的銀行

中信銀行締造許多令人驕傲的創新服務，例如台灣第1家發行信用卡

的銀行、成立第一家銀行客服中心、首創新台幣外幣兌換機等,憑藉不斷精進與創新求變的精神,持續領先金融同業。中信銀行成功關鍵在於 2003 年以便宜的價格買下統一集團旗下的萬通商業銀行(以下簡稱萬通商銀),購買價格(195 億 7,000 萬元)為萬通商銀淨值的 1.18 倍。

國際上,金融合併案的平均價格為被併銀行淨值的 1.5 倍至 2 倍,相較於國泰商業銀行購併世華聯合商業銀行(合併後更名為「國泰世華商業銀行」)花了 2.07 倍、富邦銀行購併台北商業銀行(合併後更名為「台北富邦銀行」)付了 1.72 倍,中信銀行以非常便宜的價格娶到萬通商銀,奠定了日後發展的基礎,真的是做夢也會笑。

中信銀行與萬通商銀簽訂購併合約時有規定,統一集團旗下的 7-ELEVEN 必須使用中信銀行的自動提款機(ATM)。由於 7-ELEVEN 為台灣分店最多的便利商店(截至 2021 年年底,全體總店數達到 6,379 家),此一規定使得中信銀行的通路大幅增加,多了很多商機。

此外,7-ELEVEN 的代收代付業務,每天都會帶來大額現金流入,這些金流每日會先存入中信銀行,再由中信銀行將款項支付給政府或最終收款者。由於 7-ELEVEN 每日存入中信銀行的款項是存在活期存款,利率

非常低，因此拉低了中信銀行整體的資金成本。

　　總括來說，中信銀行負債面的資金成本較低，但海外資產多，由於國外放款利率較高，使得存放款利差將近 2%，遠高於同業平均。

　　而就實務面來說，2020 年受到新冠肺炎疫情影響，中信銀行新加坡分行及日本東京之星銀行（中信銀行的子行）的放款壞帳增加，認列呆帳損失，導致整體獲利衰退。

　　此外，由於中信金的主力在銀行，證券業務較弱，2021 年年中台股價量齊揚，證券股大好，中信金的股價變得相對便宜。

　　當好公司發生倒楣事，市場出現壞消息，就是投資人的好消息。由於 2021 年新冠肺炎疫苗漸漸普及，經濟開始復甦，借款公司的財務狀況好轉，有能力支付銀行本息，當時中信金在法說會上就預期 2021 年全年中信銀行的海外獲利占比，有機會回到原先 5 成的水準。

　　海外獲利會受到匯率的影響，2020 年台灣防疫措施良好，經濟表現一枝獨秀，新台幣升值的情況下，匯損吃掉中信金部分獲利。2021 年

上半年，新台幣繼續升值，兌換損失導致獲利較少。但當時預期美國將於 2022 年開始升息，美元指數有機會轉強，之後兌換損失可能轉為兌換利益，整體獲利有機會成長。

又由於中信銀行海外資產較多，過去獲利來源以香港地區為首，美國次之。香港方面，近年受到政治議題影響，外資撤離，經濟衰退，連帶影響到金融機構的獲利，但情況已慢慢好轉。

美國方面，受惠房市復甦，華人買房人數大增，由於在美華人信用資料較少，銀行可以收取較高的利息，又有不動產作為擔保品，風險低。加上美國監管趨嚴，台資銀行紛紛撤出美國，中信銀行吃到這塊大餅，成為海外的獲利引擎。若之後美國聯準會（Fed）開始縮減資產負債表（簡稱「縮表」），將使美國存放款利差擴大，中信銀行受惠最大。

此外，中信金也在中國布局，打算遵循中租迪和的腳步，用租賃公司服務中小企業，並以參股的「金美信消費金融公司」（註 1）來發展個

註 1：2018 年，中信銀行與廈門金圓金控、國美控股，聯合成立廈門「金美信消費金融公司」。

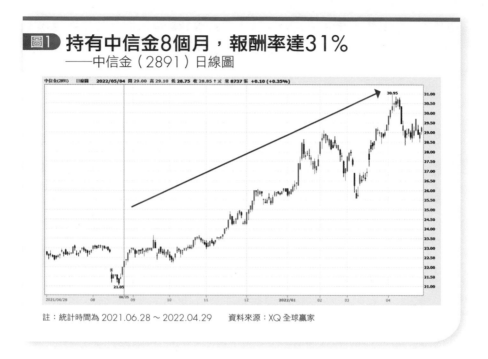

圖1 持有中信金8個月，報酬率達31%
——中信金（2891）日線圖

中信金(2891) 日線圖 2022/05/04 開 29.00 高 29.10 低 28.75 收 28.85 ↑元 量 8737 張 +0.10 (+0.35%)

註：統計時間為 2021.06.28～2022.04.29　　資料來源：XQ 全球贏家

人業務。若發展成功，將為中信金帶來可觀的利潤。

台灣人壽》利率上升可提高投資收益

壽險部分，預期債券殖利率走升，有利提升新保費收入的投資報酬率，由於台灣人壽 2021 年第 1 季的負債成本已達成 2021 年目標，負債成

本不至於增加，資產報酬率上升將導致投資利差擴大。再加上台灣人壽有 6 成資產在海外，若未來利率上升，將使壽險業的投資收益上升，對中信金有利。

若在 2021 年 8 月 25 日以 22.3 元的價格買進中信金，並持有至 2022 年 4 月 29 日，報酬率約有 31%（詳見圖 1）。

7-4

國泰金》股價被低估
升息循環下可望否極泰來

國泰金（2882）旗下擁有「國泰世華銀行」、「國泰綜合證券」、「國泰人壽」、「國泰產險」、「國泰投信」、「國泰創投」等機構，其獲利來源主要為壽險，其次是銀行。

國泰人壽》升息將推升資產投資報酬率

1990 年以前利率較高時，壽險公司給予客戶較高的「預定利率」，之後壽險公司每年要依照約定的利率，給予客戶保險金。當時台灣的經濟狀況良好，甚至有「台灣錢淹腳目」的用語，保險公司答應給客戶的「預定利率」，甚至有到 8%。當時的教科書也統計，過去 200 年的平均利率為 8%，這樣的保單設計並沒有不合理。

無奈人算不如天算，之後全球長期處於低利率環境，市場利率降到

3%，甚至更低。保險公司拿保戶的保險費去投資債券，每年只能賺到 5% 的利息收入，但每年卻要支付保戶 8% 的利息，「利差損」導致保單賣愈多、虧愈大。

隨著時間的經過，年長者慢慢死亡，利率高的保單漸漸終止。在低利率環境下，保險公司轉而銷售「預定利率低」的保單。由於利率高的保單數量漸漸減少，利率低的保單數量漸漸增加，保單組合的改變，使得國泰人壽的資金成本逐年下降。

在低利率環境下，2021 年，國泰人壽只能投資利率低的債券，之後只要升息，國泰人壽資產的投資報酬率會上升，但是負債的資金成本是逐年下降，「利差益」擴大，稅後淨利將成長。

此外，在匯率方面，台灣 2020 年因防疫措施良好使新台幣升值，匯損吃掉部分獲利。

2021 年上半年新台幣繼續升值，兌換損失導致獲利較少；若之後新台幣不再升值，而是貶值，兌換損失可能轉為兌換利益，整體獲利有機會成長。

圖1 持有國泰金1年多,報酬率高達49%
——國泰金(2882)日線圖

註:統計時間為 2020.12.14 ～ 2022.04.29　　資料來源:XQ 全球贏家

國泰世華銀行》證券交割帳戶利率接近零

國泰世華銀行俗稱「號子銀行」,證券交割帳戶的利率接近零,幾乎不用給客人利息,負債的資金成本很低,因此享有比較高的存放款利差。

當利率水位在低檔時,國泰世華銀行放款的利率下降,證券交割帳戶

的利率還是一樣接近零，因此存放款利差會下降，整體稅後淨利減少；相反地，當利率上升時，放款的利率上升，但是證券交割帳戶的存款利率維持不變，存放款利差擴大，稅後淨利就會上升，有利股價表現。

我是在 2021 年關注到國泰金，當時全球降息，不利銀行業與壽險業，國泰金的股價和股價淨值比，雙雙來到低點。那時我就問自己，國泰金的表現真有那麼差嗎？在金控的排行當中，是在後段班嗎？

而從眾多資料來看，我認為國泰金是一家優質的金控，股價淨值比輸給其他金控，明顯就不合理。因為「利率」惹的禍，導致國泰金股價被低估，但隨著 2022 年全球邁入升息循環，銀行業與壽險業否極泰來，就有機會反映在股價上。

後來國泰金的股價走勢果然如我所料，一路走升。若以 2021 年 1 月 4 日的收盤價 42.05 元來看，買進國泰金以後持有至 2022 年 4 月 29 日，報酬率約有 49%（詳見圖 1）。

7-5

中租-KY》延滯率續降 長期投資價值浮現

　　中租 -KY（5871）隸屬於租賃業，由於租賃業的客戶以中小型企業為主，信用風險較高，當景氣轉差時，容易發生呆帳損失，導致獲利下降。因此，在投資租賃業時，一定要分析資產的品質，也就是觀察公司的「延滯率（註 1）」。

　　中租 -KY 經營的業務包括租賃、分期付款、應收帳款受讓及直接融資，營收比重台灣占 4 成、中國占 5 成、東協占 1 成。

　　2015 年以前，中租 -KY 在法說會上，只公布整個集團的貸款延滯率，未公布各別地區的資產品質，而市場法人最關心的就是中國的呆帳情況。

註 1：客戶拖欠款項超過 7 天的金額為延滯金額，將延滯金額除以放款總額，可以計算出延滯率。

表1 中租-KY延滯率近年來不斷下降
——中租-KY（5871）2015年～2021年延滯率變化

年度	2015	2016	2017	2018	2019	2020	2021
合併	4.1%	4.3%	3.6%	2.7%	2.6%	2.4%	2.2%
台灣	2.9%	3.6%	3.5%	2.8%	2.7%	2.4%	2.0%
中國	5.5%	4.9%	3.2%	2.1%	1.9%	1.9%	1.9%

資料來源：中租 -KY 法說會資料

就心理學來說，企業如果有好消息，會主動提前公布；若有壞消息，則會盡量延後公布。由於中租 -KY 未公布中國的延滯率，資訊不透明，投資人自然就推測中國的壞帳比率很高，導致投資人不敢買進，所以中租 -KY 的本益比一直很低。

中國推出「限高令」使延滯率降至5%以下

2016 年，中租 -KY 開始公布中國地區當期，以及以前季度的延滯率，比率竟然低於 5%，令市場相當驚豔（詳見表 1）。

細究原因，中租 -KY 之所以能將延滯率壓到 5% 以下，除了自身信用

風險管控能力佳以外，也與中國推出的「限制高消費令（限高令）」脫不了關係。

2015 年 7 月 22 日，中國政府修正「限高令」，明確禁止欠債不還的「失信被執行人（註 2）」不得有奢侈行為，例如搭飛機、買車、買房等。亂世之下宜用重典，「限高令」一出，中租 -KY 在中國的延滯率，從 2015 年的 5.5%，下降至 2021 年的 1.9%，放款的品質比台灣還要好。

過去市場對於中租 -KY 的疑慮，在於公司營收成長得太快，且中國的資產品質不佳，時間一長，企業陸續發生違約，有可能導致獲利衰退，因此市場不願意給中租 -KY 太高的本益比。然而，受惠於「限高令」的施行，債務人的還款意願提升了，資產品質變好了。獲利成長加上市場給予的股價淨值比提高，中租 -KY 的股價也大幅上漲。

若以我第一本投資書籍《會計師低價存股術 用一張表存到 1300 萬》

註 2：失信被執行人指被執行人具有履行能力，而拒不履行生效法律文書確定的義務，俗稱「老賴」。

圖1 持有中租-KY約5年半，報酬率高達332%
——中租-KY（5871）日線圖

註：統計時間為 2016.01.04 ～ 2022.04.29　　資料來源：XQ 全球贏家

所提到的日期，於 2016 年 8 月 31 日以 54.8 元買進中租 -KY 以後，
持有至 2022 年 4 月 29 日，報酬率約有 332%（詳見圖1）。

　　但要特別注意的是，當景氣衰退時，例如 2018 年中美貿易戰，或是
2020 年新冠肺炎疫情爆發，市場對放款的品質產生疑慮，股價就會率
先下跌。如果之後實際的延滯率低於市場預期，那股價就會起死回生。

　　因此，在投資租賃股時，除了觀察每股稅後盈餘（EPS）、本益比、股價淨值比以外，最重要的就是觀察延滯率的變化，如果持續下降，就值得長期投資。如果開始上升，那就要敬而遠之了。

7-6 金融特別股》性質類似債券 風險較普通股更低

前面介紹的是一般金融股，但其實市場上還有一種金融股也是值得大家注意的，那就是「金融特別股」，也就是由金融機構所發行的特別股。

為什麼金融機構要發行特別股呢？這是因為對於一般公司來說，想要集資，可以透過發行債券或股票來達成，但金融業是屬於被政府高度管制的行業，在集資上，會有多方面的考量。

對於金融業而言，發行債券無法增加資本適足率（資本適足率的介紹詳見第 6 章），發行普通股股票又會稀釋原股東的權益。因此，為了達到法定最低資本適足率的標準，許多金融機構會藉由發行特別股來充實資本。

目前，在市場流通的金融特別股共有 17 檔（詳見表 1）。由於金融

機構發行特別股並非完全自願，主要目的是為了滿足法規要求，故對於特別股股東有利的表決權、股利累積權、參加盈餘分派權、轉換權、賣回權等權利，一項都不給予（註 1）；對特別股股東不利的贖回權，則絕對會規定在合約中，限制特別股股東的權利。因此金融業發行的特別股，性質其實比較接近債券，無法享受一般普通股股東可享受的權利。

在計算持有金融特別股的報酬率時，最精準的計算方式，是用現金流量折現模型，計算可以使淨現值（NPV）為零的「IRR（內部報酬率）」，該內部報酬率即為持有至到期日的實際報酬率，專有名詞為「到期殖利率」。茲將目前市場上的金融特別股，依到期殖利率及各項性質整理如表 2。

若預期未來升息，應選擇重設期間較短的標的

到期殖利率與該公司的信用風險有關，風險愈高，理論上要提供較高的報酬率來吸引投資人。若以信評機構中華信用評等的資料來比較，各

註 1：目前台灣發行的金融特別股中，只有王道銀甲特（2897A）的投資人具有將特別股轉換成普通股的權利。

表1 王道銀甲特股東享有轉換權
——17檔金融特別股各項權利

名稱	代號	表決權	股利累積權	參加盈餘分派權	轉換權	贖回權	賣回權
國泰特	2882A	否	否	否	否	是	否
國泰金乙特	2882B	否	否	否	否	是	否
富邦特	2881A	否	否	否	否	是	否
富邦金乙特	2881B	否	否	否	否	是	否
富邦金丙特	2881C	否	否	否	否	是	否
中信金乙特	2891B	否	否	否	否	是	否
中信金丙特	2891C	否	否	否	否	是	否
台新戊特	2887E	否	否	否	否	是	否
台新戊特二	2887F	否	否	否	否	是	否
新光金甲特	2888A	否	否	否	否	是	否
新光金乙特	2888B	否	否	否	否	是	否
開發金乙特	2883B	否	否	否	否	是	否
聯邦銀甲特	2838A	否	否	否	否	是	否
高雄銀甲特	2836A	否	否	否	否	是	否
裕融甲特	9941A	否	否	否	否	是	否
中租-KY甲特	5871A	否	否	否	否	是	否
王道銀甲特	2897A	否	否	否	**是**	是	否

資料來源：公開資訊觀測站

表2 金融特別股到期殖利率皆在3%以上

名稱	代號	發行日	票面利率（%）	重設期間（年）
國泰特	2882A	2016.12.08	3.80	7.0
國泰金乙特	2882B	2018.06.27	3.55	7.0
富邦特	2881A	2016.04.22	4.10	7.0
富邦金乙特	2881B	2018.03.16	3.60	7.0
富邦金丙特	2881C	2021.10.26	3.00	7.0
中信金乙特	2891B	2017.12.25	3.75	7.0
中信金丙特	2891C	2019.04.03	3.20	7.0
台新戊特	2887E	2016.12.28	4.75	7.0
台新戊特二	2887F	2018.11.30	3.80	7.0
新光金甲特	2888A	2019.09.27	3.80	7.0
新光金乙特	2888B	2020.09.01	4.00	7.0
開發金乙特	2883B	2021.12.30	3.55	7.0
聯邦銀甲特	2838A	2017.10.24	4.80	5.5
高雄銀甲特	2836A	2021.01.12	3.10	5.5
裕融甲特	9941A	2018.10.16	4.00	5.0
中租-KY甲特	5871A	2020.09.10	3.80	5.0
王道銀甲特	2897A	2018.11.29	4.25	5.5

註：NR 指已不再被授予評等　　資料來源：公開資訊觀測站

——17檔金融特別股各項資訊

發行價格（元）	中華信評	2022.04.29 收盤價（元）	到期殖利率（％）
60	twAA 展望穩定	62.70	4.15
60	twAA 展望穩定	62.70	3.53
60	twAA 展望穩定	63.10	4.28
60	twAA 展望穩定	62.80	3.59
60	twAA 展望穩定	60.00	3.20
60	twAA- 展望穩定	63.40	3.39
60	twAA- 展望穩定	61.60	3.55
50	twA+ 展望穩定	53.30	4.39
50	twA+ 展望穩定	51.70	4.26
45	twA+ 展望負向	42.80	6.28
45	twA+ 展望負向	42.80	6.12
10	twAA- 展望穩定	9.03	5.41
50	twA+ 展望穩定	53.30	5.16
25	NR	23.80	5.38
50	twA- 展望正向	51.20	6.00
100	twA+ 展望穩定	101.50	4.79
10	twA 展望穩定	10.35	5.34

金控的信用風險為國泰金（2882）＝富邦金（2881）＜中信金（2891）
＝開發金（2883）＜台新金（2887）＜新光金（2888）。因此，各
家金控發行特別股的到期殖利率，大致與其風險成正向關係。

　而金融特別股的票面利率於到期時，會依據當時的利率水準重設。如
果市場的利率降低，金融特別股的票面利率高於市場利率，此時金融特
別股的股價會上漲。

　但是由於金融機構有贖回權，於重設期間期滿時，可以贖回已發行的
特別股，或是依據當時的利率水準重新設定較低的票面利率，對投資人
不利。如果投資人預期未來市場將降息，應該選擇重設期間較長的金融
特別股。

　反之，若市場未來利率上升，定存的利率上升到比特別股的票面利率
還高，那金融特別股的投資價值就會下降，導致金融特別股的股價下跌。
因此，如果投資人預期未來市場將升息，應該選擇重設期間較短的金融
特別股，盡快領取票面利率重設後的較高現金股利。

　很多人敢買金融普通股，卻不敢買金融特別股，原因在於搞不懂什麼

是特別股。其實特別股的風險比普通股更低，性質上比較接近債券，為類固定收益商品。投資人可以買進部分的金融普通股，部分的金融特別股，讓自己的投資組合更具法人級的水準。

目前（2022 年 4 月）市面上的金融特別股到期殖利率有 3.2% 到 6.28% 不等，直接依購買上市櫃股票的方式購買即可，每天都有成交量，可隨時出售。特別股的股利每年發一次，發完現金股利後，股價會先經過除息調整，之後再每個月漲一點。

至於如何挑選金融特別股，其實沒有標準答案。到期殖利率低的金融特別股，通常就是風險低的金融特別股；到期殖利率高的金融特別股，通常就是風險高的金融特別股。

例如前段班的金控，像是富邦金、國泰金、中信金等，其特別股的到期殖利率在 3.5% 上下，相對較低。新光金的體質比較弱，所以到期殖利率比較高。

由於金融特別股的票面利率是固定的，稅後淨利是多是少，並不影響股利金額，只要金融機構當年度獲利，有辦法發放現金股利，投資人就

可以領到特別股股利。因此，在挑選金融特別股時，我建議挑選獲利穩健的金融機構。

且因為金融業每個月都會公布自結獲利，資訊較透明，在本身風險控管加上政府高度監理下，依目前的情況會發生虧損的機率不高。但是由於報酬幾乎固定，投資人不願意用非常高的價格去購買，也不好炒作，股價相對穩定，波動非常小，適合穩健型的投資人。

但是也要注意，當金融控股公司或銀行不賺錢時，是可以不發特別股股利的。因此建議投資人檢視過去的財務資料，觀察在極端事件下，金融機構是否仍然獲利。例如可以觀察金控公司過去在 2005 年和 2006 年台灣雙卡風暴、2008 年全球金融海嘯和 2020 年新冠肺炎疫情時，特別股是否有發放股利，若有，就是值得關注的標的。

除了上述極端事件以外，投資人也需要注意，特別股股利為股利所得，個人必須繳納個人綜合所得稅，若單筆股利金額超過 2 萬元，還必須繳納二代健保補充保費。

以國泰特（2882A）為例，1 股發行價格 60 元，每年可領 3.8% 的

股利，每股可領 2.28 元，持有 1 張（1,000 股），就可領 2,280 元（＝ 2.28 元 ×1,000 股）。若購買 9 張，單筆股利金額為 2 萬 520 元（＝ 2.28 元 ×1,000 股 ×9 張），就必須繳納二代健保補充保費。因此，建議購買數量以 8 張為上限。此外，也可以透過分散持有不同金融機構發行的特別股，讓單筆股利金額在 2 萬元以內。

綜上所述，我認為國泰金、富邦金、中信金、聯邦銀（2838）的特別股具有投資價值，報酬率雖然不吸引人，但比起空頭市場的負報酬率，特別股保值的能力很強，要賠錢的機率非常非常低，若有多餘的閒置資金的確可以考慮。

金融股投資策略總結

前面幾章，我已經把金控股、銀行股、證券股和保險股等各類金融股的相關介紹，及其適用的判斷指標等，方方面面都剖析得很清楚了，以下，我幫大家來做一個簡單的總結。

金控股方面，旗下包含多種事業體，業務不同，獲利來源就不一樣，市場給的股價淨值比就不同，不是單純用獲利多寡來評判高下。

銀行股方面，從長期投資的角度而言，銀行業的獲利穩定度高於證券業與壽險業，比較適合當作存股的標的。獲利來源中，手續費收入不容易受到景氣循環的影響，為銀行業穩定的收入，手續費占營收比重愈高的銀行，獲利愈穩定。因此，消費金融業務比企業金融業務佳，民營銀行比官股銀行佳。官股銀行因為過度保守，資產成長的速度較慢。以官股銀行當作存股標的，可以賺到股利，

但不容易賺到資本利得。若以民營銀行當作存股標的,有機會同時賺到股利與價差。

就短期而言,當國外利率上升時,海外資產較多的銀行股將受惠,上海商銀(5876)、兆豐金(2886)、中信金(2891)的存放款利差會上升得比較多。

證券股方面,當台股成交量上升時,可買進以經紀業務為主的證券股。當股市位於牛市時,可買進以自營為主的證券股。當加權指數位於高點時,則可買進以承銷為主的證券股。

保險股方面,又可分為壽險股和產險股。要注意的是,當利率下降時,壽險公司會出現利差損,此時要避開壽險股。絕對不是單純用每股稅後盈餘(EPS)或本益比來進行買賣決策。

至於評價方法,票券業與保經業每年獲利穩定,可以用本益比評價,其他則可用股價淨值比評價。若是發現有殖利率穩定且高於整個金融市場者,可以當作存股標的。如果是風險趨避的投資人,則可以買進金融特別股,當作類固定收益的金融商品。

如果不想存股,想賺價差的話,短線上,依據均值回歸的特性(漲多會回檔,

跌深會反彈），投資人可以於 KD 低點且出現黃金交叉時買進金融股，KD 高點且出現死亡交叉時賣出金融股，賺取價差。中長線可以事先預測股利金額，買進未來殖利率高、且尚未公布股利的金融股。

長線上，可以深入了解每家金融機構的本質，依據當時的經濟環境，預測未來年度的 EPS，搶先在股價還沒上漲前布局。例如台新金（2887）彰銀案解套，永豐金（2890）改由專業經理人經營，在利空出盡的當下，都是好的買點。或是當環境轉差，景氣有衰退的疑慮時，避開租賃股，賣出臺企銀（2834）等。

以上，就是投資金融股所需的相關知識。投資金融股已有 15 年資歷的我，年報酬率 15%，目前身價 7,000 萬元。希望大家都可以和我一樣運用所學，挑出優質金融股，讓它養你一輩子。

國家圖書館出版品預行編目資料

靠優質金融股 養你一輩子/丁彥鈞著. -- 一版. --
臺北市：Smart智富文化，城邦文化事業股份有限
公司, 2022.06
　　面；　公分
ISBN 978-626-95659-5-5(平裝)

1.CST: 金融商品 2.CST: 投資

563　　　　　　　　　　　　　　111006498

Smart 智富
靠優質金融股 養你一輩子

作者	丁彥鈞
商周集團	
執行長	郭奕伶
總經理	朱紀中
Smart 智富	
社長	林正峰（兼總編輯）
副總監	楊巧鈴
編輯	邱慧真、施茵曼、陳婕妤、陳婉庭、蔣明倫、劉鈺雯
資深主任設計	張麗珍
封面設計	廖洲文
版面構成	林美玲、廖彥嘉
出版	Smart 智富
地址	104 台北市中山區民生東路二段 141 號 4 樓
網站	smart.businessweekly.com.tw
客戶服務專線	（02）2510-8888
客戶服務傳真	（02）2503-5868
發行	英屬蓋曼群島商家庭傳媒股份有限公司城邦分公司
製版印刷	科樂印刷事業股份有限公司
初版一刷	2022 年 6 月
初版二刷	2022 年 6 月
ISBN	978-626-95659-5-5